와세다 대학은 어떻게 인재를 키우는가

「5만 명의 개성」에 불을 지펴라

시라이 카츠히코
(白井克彦 / Shirai Katsuhiko) 저

설근수 역

오늘날 일본은 열린 대학시대를 맞이하여, 각 대학들은 학생 유치를 위해 치열한 경쟁 구조 속에 있다. 사립대학의 명문 와세다 대학도 예외는 될 수 없지만, 타 대학에 비해 선구적으로 개혁을 추진하여 새롭게 캠퍼스 모습이 변하고 있다.

신아사

대학은 이제 상아탑도 레저랜드도 아니다.

「100%에 가까운 출석률」
「소 그룹의 어학교육」
「기초에서 실무에 이르는 IT교육」
「학부교육의 테두리를 벗어난 연구교육」
「온라인 강의」
「학부・대학원의 재편성과 신설」………

일본뿐만 아니라 아시아를 넘어 세계를 바라보는 대학으로 와세다는 계속 진화하고 있다.
개혁을 추진하는 총장 스스로가 집필한 이 책은 대학교육, 조직개혁, 인재교육을 위한 현재와 미래의 청사진이다.

Prologue

이 책은 일본의 사립 명문대학인 와세다 대학의 제16대 시라이 카츠히코 총장이 직접 집필한 것이다.

시라이 총장은 이공학부 전자공학과 교수로서, 교무부장 · 상임이사 · 부총장 등을 역임하면서 대학행정 실무에 참여해 왔다. 이러한 대학경영을 바탕으로 2002년 와세다 대학 제15대 총장으로 취임하였다. 그간 4년 임기 동안의 업적에 부흥하여, 2006년 제16대 총장으로 연임하게 되었다.

와세다 대학은 1882년도에 설립되어, 127(2009년)여년의 역사와 전통이 말해주듯, 6명의 수상(대통령)을 배출한 바 있고, 최근 전임 수상인 후쿠다 야스오씨도 와세다의 정치경제학부 출신이다.

21세기 글로벌시대에 있어 사회나 기업은 글로벌 스텐다드에 걸 맞는 교육 인적자원을 요구하고 있다. 일본의 국공립·사립을 막론하고 모든 대학들은 대학 교육 개혁에 대해 신중한 대처와 연구를 해 오고 있다. 특히 와세다 대학은 총장 시라이 카츠히코 박사가 손수 진두지휘를 하며, 와세다 대학의 인재들이 아시아를 넘어 세계에서 활약할 수 있도록, 국제화를 향한 대학 교육 개혁과 경영에 박차를 가하고 있다.

이 책은 글로벌 시대의 인재 교육은 어떻게 하여야 하는가. 그 방법론을 와세다 총장이 말하고 있다.

본서는 시라이총장 본인이, 2002년 총장취임 이전부터 누구나 공감할 수 있도록 대학 교육 방향을 평이하게 집필한 것으로 서장과 본문(제1장~제6장)으로 되어 있다.

서장 : 크게 변한 수업풍경, 제1장 : 와세다 대학의 개혁과 나, 제2장 : 와세다가 지향하는 교양과목은 무엇인가, 제3장 : 교양력 양성의 「장치」만들기, 제4장 : 「살아남는 힘」을 배우는 학부교육, 제5장 : 시대의 요청에 부응하는 대학원, 제6장 : 내일의 와세다 대학

주지하는 바와 같이 우리나라도 국립대학은 이미 법인화 추진 문제에 직면해 있고, 사립대학들은 그 대학만의 특색 있는 경쟁력을 갖추지 않으면 학생 모집은 물론 대학 경영이 어려운 형편에 있는 것이 현실이다. 과연 우리대학들은 글로벌시대의 요구에 어떻게 변화해야 하는가?

이러한 상황 속에서 본서는 이 시대의 많은 대학과 교수는 물론, 학생, 학부모님들에게 참고가 될 것이라고 믿어 의심치 않는다.

역자는 2007년 중국 청화대학(일문학과)에 객원교수로 재

직할 기회가 있었다. 21세기 글로벌 시대에 가장 빠른 속도로 변화하고 있는 중국, 그 변화의 중심인 북경에 위치한 13억 인구의 최고 학부(2008년, 중국 교육부가 조사한 기록에 의하면 12년 연속 대학평가 1위, 현 후진타오 주석(대통령)은 청화대학 수리과학부 출신)의 청화대학에서 글로벌 시대의 변화를 이 책을 번역하면서 공감할 수 있었다.

이 책을 우리나라에서 출판할 수 있도록 허락해 주신 저자 시라이총장님을 비롯하여, 와세다 대학 총무부 이토부장님 시오쯔키주임, 그리고 중간에서 번거로움을 도맡아 준 성문당 서점의 타나카 팀장님, 대학 동기인 노가와 히로유키 박사에게 감사의 말씀을 전함은 물론, 흔쾌히 출판을 허락해 주신 도서출판 신아사 정현걸 사장님께도 감사의 말씀을 전한다.

2009년 1월 11일

중국 청화대학 기숙사(紫荆公寓)를 회상하며

역자 설근수(薛根洙)

CONTENTS

신록이 무성한 오오쿠마 강당

서 장

크게 변한 수업풍경
(大きく変わった授業風景)

공부하는 와세다 대학생

2006년에 들어와 와세다 대학 주변에서는 즐거운 일이 계속 일어났다. 한편으로는 사회에 깊이 사죄하지 않으면 안 되는 부끄러운 불상사도 없지는 않았지만, 여기서는 몇 가지 경사스런 사항들을 이야기하고 싶다.

연초에 기요미야 가츠유키(清宮克幸) 감독이 맡고 있는 럭비부가 대학 선수권 3연패와 함께, 대학팀으로서는 18년 만에 사회인 톱 리그에서 도요타 자동차를 무너뜨리는 수훈을 세웠다. 그것뿐만 아니라 2월에 이탈리아 토리노에서 개최한 동계올림픽 여자 피겨 스케이팅 경주에서 OG의 아라카와 시즈카(荒川静香) 선수가 금메달, 스구리후미에(村主章枝) 선수가 4위라는 훌륭한 성과를 거두었다. 또한 여름에 사이토 유키(斎藤 佑樹) 투수를 거느린 와세다고등학교가 전국 고교 야구선수권 대회(여름의 고시엔(甲子園))에서 3년 연속 우승을 목표로 한, 고마자와(駒沢大学)대학부속 고등학교인 도마코마이(苫小牧)를 역사에 남을 결승전 재시합에서 무너뜨리고 최초 우승을 달성하였다. 고등학교를 졸업한 사이토 선수는 2007년 봄에 본 대학교의 학생이 되었다.

문학계에서는 무라카미 하루키씨가 노벨문학상에 버금가

시라이 총장을 방문한 와세다 고등학교 야구부

는 체코 Franze Kafky상을 수상하였으며, 앞으로 와세다 대학 출신자로서 최초 노벨문학상 수상자가 탄생할 것이라는 높은 기대를 모으고 있다.

그러나 그 이상으로 나를 기쁘게 하는 것은 최근 몇 년 동안 와세다 대학에 입학한 학생들이 활기차고 진지하게 공부하고 있다는 것이다. 과거의 와세다 대학은 레저랜드화(유원지)된 일본 대학의 상징인 것으로 계속 이야기되어 왔었다. 매년 5월초 황금연휴를 보낸 학생들이 대학 동아리에는 참석을 하지만 수업은 출석하지 않는다고 하여 생긴 말이다. 그러나 최근 5월의 캠퍼스 내에는 학생으로 넘쳐 걸어가는 것조차도 힘들 정도로 모든 학과 강의출석률이 매우 높아져 가고 있다.

「잠자는 시간도 아깝다」라는 말이 있듯이, 최근 와세다 대학생은 잠자는 시간이 아까울 정도로 공부하는 학생이 많아졌다. 과거에는 동아리 활동에 열심히 참여하는 학생이나 노는 일, 아르바이트 때문에 바빠서 잠잘 시간이 없다는 학생이 적지 않았지만, 지금은 1, 2학년부터 밤늦게까지 공부하는 학생이 상당히 늘어나고 있는 것 같다. 미국의 명문 아이비리그대학 분위기에 조금씩 가까이 다가가고 있다. 「교육의 와세다」로 변모하고 있다고 해도 좋을 것이다.

활기찬 수업

특별히 대학 측에서 재촉하여 공부시켰던 것도 아니고 출석을 강요한 것도 아니다. 그리고 학생들도 단순히 「우수한 성적」을 원해서 성실히 수업에 출석한 것은 아니다. 단지 수업내용과 교육내용만으로 학생에게 활기를 불어 넣어 준 것이다.

활기찬 분위기를 조성하기 위해서 대학 측이 어떠한 노력과 계획을 세웠는지에 대해서는 다음 장에서 자세히 설명하기로 한다. 여하튼 학생들은 전후 와세다의 역사가 시작된 이래 가장 우수하다고 할 정도로 출석을 잘하고, 강의를 위해 철저히 준비하고, 강의 중에 적극적으로 발언하여 교수나 학생 사이에서 열띤 토론을 하게 된 것은 사실이다.

이와 관련하여 최근에 한 가지 더 기쁜 것은, 대학을 방문한 OB, OG가 강의모습을 본 후, 「내 학창시절에 저런 수업을 해 주었다면 좀 더 열심히 공부했을 텐데……」「다시 한 번 와세다에서 시작하고 싶다」라고 말해 주었던 것이다.

옛날에는 출석하고 싶지 않은 수업에도 참가해야 했었기 때문에 「수업료를 돌려줘」라는 말을 듣는 것이 곤혹스러웠지만 지금은 졸업생이나 또는 본 대학의 졸업생이 아닌 사람들도 다양하게 준비된 사회인 대학원이나 e-스쿨, 혹은 평생교육센터가 전개되고 있는 열린 대학에서 새롭게 다시 공부를 시작하게 해 준다는 것은 대단히 환영할 일이다.

어쨌든 최근 십여 년 동안 우리들이 노력해 온 대학개혁, 교육·강의개혁은 지금까지 일반 교양과정인 리버럴 아츠(liberal arts)라고 불리는 핵심부분의 하나로서 특별히 추진해 왔으며, 나름대로 성과를 올리기 시작하고 있다. 또한 동시에 그러한 일들을 OB, OG가 이해하기 시작한 것이 나는 매우 기쁘다.

머지않아 이러한 현상은 수험생이나 학부모, 학생을 대학에 보내는 고등학교 선생님, 그리고 사회전체에 서서히 전해질 것이다. 틀림없이 2, 3년 후에는 기업 채용담당자나 인사담당자들도 「최근 와세다 졸업생은 변했더군」이라고 말하게 될 것이라는 예감에 기대된다. 그러나 여기에 이르기까지 개혁의 길은 참으로 길고 험난했다.

15년 전의 신문기사

내 옆에는 『대학의 책임을 묻다 - 황폐한 장소에서의 보고』라는 한 권의 문고판이 있다. 이 내용은 1991년 6월부터 같은 해 12월까지 경제신문 조간에 연재된 기사가 이듬해 7월 신조사(新潮社)에서 단행본으로 14쇄를 거듭하고 1996년에 같은 신조사출판사에서 문고판으로 출판되었다.

「대학교육개혁에 불을 붙인 한권」이라고도 하는 이 책의 제 1부에는 「지성의 황폐」라고 타이틀이 붙여진 기사의 첫머리에 와세다 대학으로서는 참으로 반갑지 않은 보고서가 등장한다.

「와세다 대학 정치학부 … 자조적인 '강의는 삼류'』라고 제목이 붙여진 그 기사는 이러한 서문으로 시작한다.

(인용문은 원문대로)

동경의 사립대라면 게이오기주크 대학(慶応義塾)에 필적하는 오랜 전통을 지닌 와세다 대학이다. 와세다 대학의 전신은 명치 15(1881)년 오쿠마 시게노부(大隈重信)[1]가 창립한 동경전문학교이다. 학교를 세운 이후 재야정신을 슬로건으로 하여 정계, 문학계, 언론계, 법조계 등 수많은 인재를 배출해 왔다. 최근 몇 년간에는 관계로의 진출도 활발하다.

그 중 문과계의 간판인 정경학부는 사립대학 문과에서는 게이오대 경제학부(구 이재과(경제학과의 옛 말))와 필적하는 가장 좁은 문이었다.

그렇지만 「정경학부」를 선호하여 계속 수험공부를 한 결과 난문을 통과한 신입생은 실제로 강의를 받고 깜짝 놀랐다.

그 뒤에 계속되는 기사를 단편적으로 소개하겠다.

교육 자체를 충분히 만족하는 와세다 대학의, 그것도 간판학부인 정경학부만은 가지 말라고 지도하고 있는 고등학교 교수가 있다.

(정계학부의) 교실에 있었던 여학생은 고등학교시절 「정경학부만은 가지 않는 편이 좋다」라고 정경학부 OB의 교수로부터 다짐을 받았다고 한다. 그녀는 주에 10강좌의 수업을 등록하였지만 「꼭 참석하는 것은 세미나뿐입니다. 나머지는 마음이 내키면 주에 1, 2과목만 출석합니다」라고 태연히 말하고 있다.

「놀고 싶어서 수업을 빠지는 것과는 다릅니다. 수업 자체가 너무 헛되기 때문에 그런 일에 시간을 보내고 싶지 않습니다.」 등등…

---

1) 오쿠마 시게노부(大隈重信)(1838-1922) : 정치가, 교육자, 제17대 내각총리대신(수상), 와세다 대학의 창립자.

우리 대학 경영진이나 교수 측에서 이 기사에 대한 반론이 없는 것은 아니다. 그러나 그 이상으로「교수의 강의에 대한 자세」「강의 운영수법」「강의내용」등을 시대의 요청에 따라 변화해 왔는지 진지하게 반성할 필요가 있다는 것은 부정할 수 없다. 게다가 그 앞 단락에서「교수의 채용·육성시스템」이나「대량 교육」의 상징이 된「교육의 방법」등도 중요한 검토 과제였음에도 불구하고 오랜 세월을 소홀히 해 왔다.

약화된 대학분쟁

산케이신문에 기사가 쓰여진 것은, 소위 전공투(「全共闘」全学共闘会議의 약칭)[2] 운동이 일어나 와세다를 포함한 많은 일본의 대학에서 개혁을 요구하는 격렬한 학생운동이 전개되었던 시대로부터 20여 년이나 훨씬 지나고 나서의 일이다. 구체적으로 말하자면 학생들로부터 격렬한「NO!」의 목소리가 대학 교육에 일어난 이후, 와세다 대학에서 여전히 사반세기 가깝게 눈에 보이는 형태의 개혁이 이루어지지 않았다.

와세다의 학원분쟁은 수업료 인상 반대 투쟁을 계기로 1965년대 초에 시작되었다. 투쟁은 10년에 걸쳐 계속되었지

2) 전공투(全共闘) : 정식 명칭은 全学共闘会議.

만, 솔직히 말하자면 학생 운동 그 자체는 그 후 과격한 정치 운동으로 변하면서 일반 학생의식과는 괴리가 생겨, 대학 개혁과는 상관없는 것이 되었다. 대학 측도 그러한 상황에서 진지하게 개혁을 논의하긴 했지만 성실히 실행에 옮기려는 노력은 하지 않았다. 당시 유행어로 말하자면 대학개혁은 「풍화」하고 있었다. 나의 경험으로 보면 그 시대의 학생운동은 큰 소동이었을 뿐, 대학을 바꿀 힘을 가지지 못했다. 오히려 혼란 속에서 대학측·사무직원측에 「전통을 지키자」, 좀 더 직설적으로 말하자면 「기득권익을 지키자」라고 하는 방향으로만 몰아갔던 것 같다.

결국 그 후에도 전통적이라고 할까, 대학이나 교수들은 여전히 마케팅 용어로 「생산자 중심시대(product-out)」의 시스템에 구애되어 자신만의 연구실에서 연구를 우선으로 하는 한편 학생에게는 「가르치는 것」이라는 자세를 고수할 뿐이었다.

그러나 시간이 흐르고 시대는 크게 변했다. 국가공공기관의 민영화에서 볼 수 있듯이 종래의 힘 있는 부서별로 지원받는다는 색채가 강했던 공적 서비스조차 그대로 유지하지 못하게 되고, 규제완화가 실행으로 옮겨지면서 민간 기업과 같은 수준의 서비스 경쟁 아래 놓이게 되었다.

대학도 마찬가지다. '학생이나 부모가 지불한 대가에 어울리는 만큼의 부가가치를 창출시켜 졸업시키자, 전통의 틀에 갇힌 교수의 자기만족을 위한 수업이 아닌 학생이 만족할 만한 수업을 하자'라는 주장의 목소리가 커져왔다. 그것은 사회적 의견·파워가 되어 나타났고, 「생산자 중심시대(product-out)」의 시대에서 시장이 요구하는 「소비자 중심시대(market-in)」 교육의 필요성을 느끼게 되었다.

단적으로 말하자면 「고객」인 학생의 요구에 대학도 확실하게 부응하라는 것이다.

동경의 사립대 버블의 영향

대학개혁을 늦춘 원인에 대해 또 한 가지 소개하고 싶은 것이 있다.

당시, 소위 단카이(団塊)[3]세대의 자녀가 고등학교를 졸업한 1992년에 18세 인구가 가장 급격히 증가하는 경향이 뚜렷함과 동시에 그들은 부모 세대와 달리 가정형편이 유복하여 상급학교로의 진학률이 높아질 거라고 예측되었다. 그 때문에 대학이 신설되고, 전문대학으로의 전환이 연달아 나타났다.

3) 단카이(団塊)세대 : (1947~1949) 경, 베이비 붐 시대에 태어난 세대 (다른 세대에 비해 인구수가 많다는 의미).

예상했던 대로 대학 · 전문대학의 지망자 수는 기하급수적으로 계속 늘어나 90~92년 최고로 연간 120만 명을 넘었으며 와세다에서도 수험생 수가 매년 15만 명을 넘는 상황이 계속 되었다. 대학경영의 관점에서는 정말 편한 시대가 온 것이다. 이런 시기에 대학 내부에서 개혁의 의견이 나오기 어렵다는 것도 부정할 수 없다.

또한 그 무렵 일본 경제가 그러했듯이 동경의 사립대학은 일부분의 부유한 사람에게 인기가 있었다. 와세다도 예외없이 지방의 옛 제국대학(동경대 · 교토대 · 오사카대 등과 같은 국립대학)에 합격한 학생들이 그 학교에 가지 않고 와세다에 입학하는 상황이 일어났다. 이공계학부의 경우 교육 · 연구 · 실습환경에서 여전히 상당한 차이가 있음에도 불구하고 그러했다.

그러나 그와 같은 축제는 오래가지 않았다. 동경의 사립대학 인기도 버블경제 붕괴 후 불경기 도래와 함께 언제부터인가 사그라지는 느낌이었다. 그리고 최근의 저출산 현상을 기다릴 것도 없이 대학 · 전문대학에 지망하는 학생을 급격히 줄어들고 있다. 2006년 봄 입시에서 알 수 있듯이 지망자 수가 최고조일 때와 비교하면 40만 명 가까이 감소하였고, 전국 사립대학의 40%가 정원 미달이라는 상태에까지 이르렀다. 그것은 18세 연령인구가 계속 최고조였던 80년대 중반부터 예측되었지만, 버블 붕괴 후 일본기업과 마찬가지로 각 대학의 대응도 상당히 늦었다.

시장이 축소되면 고객을 서로 뺏고 뺏기는 현상이 생기는 것은 필연적 경제원칙이다. 그것은 대학도 마찬가지다. 수험생이 감소되고 있는 현실이 명확해지는 가운데 점차 명문대학은 진지하게 개혁을 계획하지 않으면 안 되었다.

수험생 감소 상황에서도 사립대학의 신설은 계속되고 있다. 이러한 상황은 경쟁을 한층 더 격화시키고 동시에 대학개혁을 조장하게 되었다. 한편으로 경쟁에서 탈락하여 폐교나 유력대학과의 구제합병(인수합병)의 결단을 내리는 곳도 생겼다. 대학의 세계는 새로운 단계에 접어들고 있다.

시야는 글로벌 수준으로

와세다의 경우 매우 빠른 시기에 개혁이 시작되었으며, 본격적으로 시작한 이유도 수험생이 감소할 것이라는 단순한 위기감 때문만은 아니었다.

대학 지원자의 감소는 와세다 수험자 수의 감소, 수험료 수입의 감소, 우수한 학생 확보가 어려울 것이라는 문제 등을 분명히 파생시켰지만, 와세다의 경우는 정원부족으로 대학의 사활이 걸린 문제와 직결되지 않을 거라고 생각했다.

게이오대학[4]과 어깨를 나란히 하는 일본의 사립대학 대표로서 전통적인 사회적 평가, 대학으로서 브랜드의 힘이 있다고 믿었기 때문이다. 수험생과 부모 사이에서 여전히 와세다의 인기는 탄탄하다.

나를 포함한 와세다의 경영·교무의 책임자들이 생각한 것은 기업 간의 경쟁이 그러했듯이, 머지않아 대학 간의 경쟁이 국내에서 살아남기 위한 경쟁을 뛰어넘어 아시아 수준 그 이상으로 글로벌 수준에 도달한다는 것이다. 그러한 경우 문제는 현재 와세다의 교육·연구 수준으로 아시아의 일류대학뿐만 아니라, 유럽이나 미국의 일류대학과 대등하게 경쟁하여 세계 수준으로 학생을 모을 수 있는가 하는 것이었다.

또는 그러한 수준의 대학과 교환 유학생, 교수의 교류·교환 등을 통해서, 와세다 대학으로서의 브랜드를 국제적으로 통용할 수 있을지가 의문스러웠다.

유럽과 미국의 명문대학이나 아시아의 유력대학에서 받아주지 않는다면, 긴 안목으로 봤을 때 와세다의 브랜드 힘은 결국 땅에 떨어지게 된다. 그렇게 되지 않도록 교육·연

4) 일본사립대학명문 게이오기주쿠(慶応義塾)대학 설립(1858년).

구의 수준을 올려야 한다. 그 전제로 교수의 질 향상은 필수이며, 교육에 있어서는 오늘날 중요한 두 가지 커뮤니케이션 도구인 컴퓨터언어와 국제언어로서의 영어를 학생들에게 숙달시켜야 하며, 무엇보다도 학생의 사고·학습능력 및 세상을 위해 행동하는 자질을 높여야만 한다.

그러나 그 경우에도 기본이 되는 것은 무엇보다도 우수한 잠재능력을 가진 학생을 확보하는 것이다. 내가 말하는 우수한 학생은 반드시 머리가 좋다는 의미만은 아니다. 의욕적이며 와세다를 좋아해야 한다. 와세다 대학의 창립이념을 이해하고, 와세다에서 배우고, 와세다의 간판을 짊어지고, 활약하고 싶은 학생이 중심이 되는 것이야말로 대학에 활기를 불어넣고 단결력을 높일 수 있으리라 생각되었다.

어쨌든 우수한 학생들을 모집하기 위해, 대학은 매력이 갖춰진 곳이라야 한다는 점에서 개혁을 서둘렀던 것이다.

개혁성과에 대한 높은 기대

우리들이 개혁에 착수하기 전에 게이오대학은 쇼난 후지자와(湘南藤沢)캠퍼스(SFC)에 종합정책학부, 환경정보학부의 2학부를 신설하여 수험생이나 부모로부터 대학으로서 가치평가를 높이는 일에 성공하였으며, 타 대학도 잇달아 학부를 신설하는 등 그대로 따라했다. 또한 그 후 동경대학이나 교토대학 등 명문 국립대학들도 독립행정법인화와 함께 대학개혁을 적극적으로 진행하기 시작했다. 이와 같이 국내에서 대학 간 경쟁, 개혁 경쟁이 치열해지고 있다.

앞으로 점점 치열해지는 국내 경쟁뿐만 아니라, 특히 국제 경쟁 속에서 와세다가 어떠한 대학교육을 하고 대학 간 경쟁에서 살아남을 것인가 — 여기에 우리들이 계획해 온 대학개혁의 본질이 있다고 해도 좋다.

나는 이공학부 교수로 근무하면서 교무부장, 상임이사・부총장을 거쳐, 4년 전에 오쿠시마 다카야스씨의 뒤를 이어 총장에 취임하고 2006년 가을에 2기째에 접어 들었다. 부총장을 포함해 8년간 일관해 온 교육부문에 대한 개혁을 관여해왔다.

현재 와세다 학생이 성실히 수업에 출석하고 적극적으로 학문에 몰두하고 있는 것은, 실은 우리들이 지향하는 대학개혁의 본질과 관련이 있다. 즉 우리들이 오랜 기간 다뤄온 개혁의 성과가 이제야 싹을 틔우고 있기 때문에 요즘 학생의 변모는 나에게는 매우 기쁜 일이 아닐 수 없다.

학문은 굉장히 심오한 것이기 때문에 학생들이 열심히 공부를 하더라도 바로 눈에 보이는 형체로 어떠한 성과가 나타나는 것은 아니다. 그러나 와세다 대학의 창립자인 오쿠마 시게노부 이후 재야정신을 표방해 온 와세다다운 인재배출, 사회나 지역, 또 아시아와 공존해 온 와세다다운 학문적 성과를 이루기 위한 시간은 다소 걸리겠지만, 기대의 싹이 돋아나기 시작했다는 것만큼은 자신 있게 말할 수 있다.

제 1장 이후에서 우리들이 추진해 온 교양교육, 즉 교양과정(liberal arts)을 중심으로 와세다 대학의 교육개혁의 역사, 그 목표인 구체적인 개혁방법, 내가 생각하는 교양과정은 무엇인가, 또 학부교육이나 대학원 개혁을 포함한 대학 전체의 미래의 이상 등을 순차적으로 이야기하고 싶다.

와세다 대학을 목표로 하고 있는 수험생들이나 부모님은 물론 재학생·졸업생, 또는 교육관계자나 전국의 와세다 팬 분들이 앞으로의 본 학교에 기대하면서 읽어 주시면 감사하겠다.

정치경제학부의 변모

앞에서 말한 산케이신문 기사에 문제화 된 정치경제학부에 대해 좀더 덧붙여 말하자면, 당시 교수의 거의 100%가 와세다 출신이었지만, 지금은 약 40% 정도가 타 대학 출신자로 구성되어 있다. 학부·대학원을 총괄하는 학술원장도 타 대학 출신자, 혹은 학부는 와세다 대학을 졸업했지만 타 대학 대학원 출신자가 취임하게 되었다. 폐쇄적인 사회에서 개방적인 사회로 변모하고 있는 것이다.

또 전임교수 95명 중 박사 학위 취득자가 45명, 유럽이나 미국 대학에서 Ph. Dr.(박사)학위 취득자가 23명(06년 말)이 되었다. 과거에는 학부 졸업 때 조교로서 채용되지 않으면 대학에 남을 수 없는 시스템이었던 점과는 크게 다르다. 국제화가 진전되고 있는 중에 그것에 대응할만한 우수한 교수의 중핵을 차지하게 됐다고 해도 좋을 것이다.

학과도 전통적으로 정치학과, 경제학과의 2학과로 구성되어 있었지만, 현대 사회가 안고 있는 글로벌화된 모든 문제를 국제적 시점에서 고찰할 목적으로 2004년도에는 국제정치경제학과를 신설했다. 이것은 낡은 폐습을 타파한 혁신적인 움직임이다.

그러고 보면 최종 주자로 여겼던 전통적인 학부가 이제는 교내 개혁의 최고의 주자가 된 것이다. 신선한 외부에서 인재가 단시일 안에 그 정도 늘어난 것은 교수 채용을 대폭 자유화했던 것이 기원이 되었다. 실력 있는 교수가 높은 수준에서 경쟁하게 된 것이 우수한 학생이나 교수가 많은 학부의 교육·연구현장에 어느정도 크게 변화를 가져 오리라는 것은 예상을 했던 일이다.

2005년도 입학식

제 1 장

와세다 대학의 개혁과 나

(早稲田大学改革と私)

쇠는 뜨거울 때 쳐라

「너 진짜 한가하구나」

10년 전만 해도, 강의에 출석했다고 말하면 친구들로부터 위와 같은 비난의 소리를 흔히 들었다. 이러한 상황은 와세다뿐만 아니라 일본의 많은 대학의 학생들 사이에서 일상적으로 나누던 대화다. 오랫동안 힘들었던 수험생활이 끝나고 대학에 입학하자마자 「공부는 끝났다」라고 생각하는 학생들에게 그것은 어느 의미에서는 당연한 일일지도 모른다. 많은 학생을 받아들인 대학은 레저랜드이고, 4년간의 대학생활은 「4년간의 방학」에 불과했다.

부모님들도 어느 대학에 들어갈 것인가가 관심이었을 뿐, 대학에 들어가서 무엇을 배울 것인가는 그다지 신경을 쓰지 않았다. 또한 기업 측도 마찬가지로 고도 성장기에 대학들이 우수한 학생만을 공급해 준다면, 이후에 자신들이 OJT(직장연수)[5]에서 단련시키기 때문에 대학이 학생에게 예측을 주는 교육은 하지 않기를 바라는 분위기조차 조성되었다.

5) OJT(직장연수) : 직장 내 훈련, 일상적인 직무를 통해 실시하는 종업원 교육 훈련 방식.

그러나 최근 와세다에서는 이공계뿐만 아니라 문과계 각 학부에서도 수업에 나가는 것에 대해 비방하는 일은 완전히 사라졌다. 대부분의 학생은 착실히 예습하고 강의에 반드시 출석한다. 교내에 그렇게 하지 않으면 안 되는 분위기가 조성되어 간다고 해도 좋을 것이다. 본래의 모습인 교육의 장으로 바뀐 것이다.

학생은 공부하지 않고 사회도 그것을 용인해 온 일본의 특이한 대학교육과 대학풍토가 와세다에 관해서는, 앞서 서장에서도 말한 것처럼 커다란 변화를 이루었다. 물론 와세다뿐만 아니라 다른 대학들도 많은 변화를 이루었다고 들었다.

나는 「여유 있는 교육」의 반대론자이다. 한때 「여유 있는 교육」이 단어로서 느낌이 좋아 여론을 지배했었지만, 그 때부터 나의 입장은 변함이 없다. 학생들의 흥미를 소중히 한다는 것은 중요하지만, 수학과 국어에 관한 기본적인 실력 그리고 학생으로서 기본적인 생활·학습태도는 초등학교 저학년 때부터 확실히 습관을 기를 필요가 있다. 그 시기가 지나 고학년이 되어 배우려고 하는 것은 절대 무리이기 때문이다.

그것은 대학교육에서도 기본적으로 마찬가지이다. 고등학교 때까지 수험공부 중심의 생활, 수동적인 교육에 익숙한 학생에게 새로운 대학 교육이라는 지금까지와는 다른 학문의 접근, 사고방식, 행동 등을 익히기 위해서는 입학 후 바로 1, 2학년 때 학습, 사고, 커뮤니케이션을 위한 기본을 확실히 익혀놓을 필요가 있다. 그 의미에서 과거 「일반교양」이라고 불리고, 약간 무시되어온 감이 있는 일반교양과목 중심의 1, 2학년 때야말로 대학교육을 개혁하는 것보다 더 중요한 큰 열쇠가 감추어져 있는 것이다.

교양교육은 원래 지식의 단순한 이해를 목표로 하지 않는다. 지식의 깊은 구조에 흥미를 일으켜 그것을 이해하기 위해 노력하고 그 지식을 가진 인간에 대한 경외감을 가지게 하는 것이다.

「교육의 개방화」를 기본으로

와세다에서는 이를 위해서 두 가지 큰 시책을 실행에 옮겨 왔다.

그 기본에 있는 것은 「교육연구의 개방화」이다. 이것은 수년전부터 「열린 교육센터」라는 조직을 만들어 모든 학과의 목표로서 지향해 온 것이다.

자세한 것은 제3장에서 설명하겠지만, 간단히 말하자면

종합대학으로서 탄탄함을 기초로 다양한 학부의 학생이 한 교실에서 공부하고, 타 학부의 학생과 자유로운 교류를 통해 서로 다른 개성이나 지성이 자극된다. 이와 마찬가지로 교수도 학부나 학과를 넘어 서로 협력한다. 어느 의미에서 모든 학과가 지적 연마의 방법을 양성하기 위해 고안해 낸 것이다.

그 때문에 학부에 관계없이 모든 와세다 대학 학생이 자유롭게 이수할 수 있는 「열린 과목」이라는 것을 설치하였다. 처음에는 십여 개의 과목에서 출발하였지만, 2006년도에는 와세다의 독자적 과목이 2000여 과목 이상이며 또한 협정을 맺고 있는 타 대학까지 합하면, 예를 들면 인근에 있는 일본여자 대학이나 학습원(学習院) 대학, 릿쿄(立教)대학, 더욱이 오래 전부터 우호관계에 있는 교토의 도시샤(同志社)대학 등이 제공하는 1100과목 정도이다. 합하면 3000과목이 넘는다.

와세다의 경우 문이 없는 대학이라고 해 온 만큼 사회에 열려져있는 것뿐만 아니라, 전통적으로 학생의 관심영역이 넓다고 할까, 경우에 따라서는 전공의 학부학과와 관심 영역이 다른 학생도 적지 않다. 전문 영역의 인접과목을 배우고 싶다든가, 나만이 하고 싶은 분야를 좀 더 세부적으로 배우고 싶다든가, 전공분야와 전혀 다른 분야도 깊게 공부하고 싶고, 그리고 와세다에는 없는 과목을 공부하고 싶다는 학생이 많이 있어서 그러한 학생을 중심으로 「열린 과목」은 큰 인기를 모으고 있음과 동시에 그러한 과목을 개설하는 것만으로 학생들의 지적호기심이 상당히 자극되어 면학 의욕도 높아지고 있다.

이렇게 되자 교수들도 의욕이 높아져 새로운 과목이 연이어 개설되어 현재 크게 활성화하고 있다. 내 나름대로의 표현을 쓰자면 「교내의 온도가 올라가고 있다」로 표현할 수 있겠다.

앞으로 「열린 과목」 뿐만 아니라 교내에서 상하 관계 조직의 폐해를 제거해 가면서 사회나 지역, 기업이나 단체와의 관계를 포함한 다양한 형태의 개방화를 더욱 추진하여 교내의 온도를 올리고 싶은 것이다.

원래 나는 대학이라고 하는 것은 사회와의 관계 속에서 존재한다고 생각해 왔다. 대학은 사회를 이용하고 또 사회는 대학을 이용하여 그 가치를 높여가는 것이다. 따라서 풍부한 환경을 더욱 유용하고 사용가치를 높이고 자극적이고 흥미로운 것으로 만들고 싶다. 종래와 같은 교수가 자신만의 좁은 생태계 안에 틀어박혀 오로지 연구에만 몰두한다는 발상은 교육에서도 연구에서도 중요한 것이 될 수 없을 거라고 생각한다. 이 때문에 대학 전체를 과감히 변화시킬 필요가 있다는 것이 나의 기본적인 생각이다.

교양과정개혁과 개방화

여기에서 이른바 교양과정의 개혁과 「개방화」가 어떠한 연관이 있는가라는 질문이 나올 거라고 생각한다. 사실 이 두 가지는 서로 많은 관련이 있다.

2001년 논의를 계속 하던 중에 열린 과목만으로는 바꿀 수 있는 수단이 충분하지 못하다는 결론이 내려져, 「테마 대학」이라는 장치를 만들게 되었다.

이것은 어느 테마를 정해 전공이 서로 다른 교수가 학부를 넘어 모여서 다양한 세미나를 개강한다. 대상은 1, 2학년 학생이 기본적으로 구성되고, 각 학부에서 그 테마에 대해 공부하고 싶은 학생이 모이는 형식으로 되어 있다. 세미나이기 때문에 각 학부의 학생이 모여 적은 인원으로 직접 토론을 벌이게 한다. 개방화가 한층 더 진행되었다는 의미이다.

이 「테마 칼리지」는 기존의 학부와 같이 특정 교수가 있는 것이 아니고, 어느 테마의 수업군이 하나의 단위를 형성하고 거기에 부속된 교수와 학생이 그룹으로 되어 있다. 교수와 학생의 접촉빈도가 높을 뿐 아니라 대학원생의 TA(Teaching Assistant)나 이수를 마친 상급생이 학생에게 조언과 지원을 하는 등 세세한 학습의 지원 체제를 갖추고 있다. 종래의 큰 교실중심의 수업과는 이미지와 내용이 많이 다르다고 할 수 있다.

세미나도 무작위로 나열하자면 「예술 창조와 감상」「이슬람적 · 지식의 탐방」「변해가는 현대도시 · 지역」「국제 커뮤니케이션」 등등, 기존의 학부 학과와 거리가 있는 학제적인 것이 중심을 이룬다. 현재 30개 정도의 테마 칼리지가 있고 각각의 칼리지에 세미나 형식의 연습과목이 많은 곳은 26과목, 적은 곳은 4과목이 설치되어 있다. 한 세미나에는 정원이 20명이다.

「테마 칼리지」는 어디까지나 스스로 그것을 배우고 싶다고 자원한 학생, 즉 능동적으로 참가의사를 밝힌 학생만을 대상으로 하고 있으며, 현재 1, 2학년에서 매년 총 4000명 정도가 이수를 하고 있다. 참가비율은 전체 학생의 4% 정도이지만 점차 늘어날 전망이다. 적극적으로 자신의 의지로 참가하기 때문에 자연히 공부의욕이 높아질 것이다. 학생들이 밤에도 자지 않고 공부하는 것은 그러한 이유에서이다.

와세다의 경우 학부에 따라 입학 당시 편차치가 다르고, 사회에서의 평가도 다르다. 학생도 그러한 사실을 알고 있기 때문에 편차치가 낮은 학부의 학생은 편차치가 높은 학부의 학생에 대한 경쟁심을 갖고 맹렬히 공부하여, 테마 칼리지의 세미나에서 논쟁에 도전하게 된 것이다. 이렇게 되자 입학 당시 편차치가 높다 하더라도 도전을 받는 학생도 멍하니 있을 수만은 없게 되었다. 교수도 마찬가지이다. 세미나 안의 열기는 필연적으로 올라가게 되었다.

세미나라고 하면 전문 세미나로 일반적으로 3, 4학년을 대상으로 하는 곳이 많다. 그것을 왜 1, 2학년을 대상으로 한 것인가. 앞에서 나는「고등학교까지 수험중심의 생활과 교육에 익숙한 학생에게 새롭게 대학교육이라는 것은 지금까지와 다른 학문으로의 접근 방법, 사고양식, 행동 등을 익히게 할」필요가 있다고 언급했다. 그것도「쇠는 뜨거울 때 쳐라」와 같이 입학의 감격과 긴장감이 식기 전에 시작하는 것이 중요하다.

수험공부는 기본적으로 혼자 하는 것으로, 친구라고 하더라도 수험경쟁자가 될 수밖에 없다. 또한 수험공부에서는 하나의 질문에 대한 정답은 하나밖에 없다고 철저히 배워왔다. 그러나 세미나에서는 서로 토론을 반복하고, 동료와 함께 생각하고, 지식을 전하거나 전달받으면서 정답을 찾아냄과 동시에 현지조사 등을 통해 학문이라는 것을 체험해 간다. 또 대학의 수업에서는 하나의 정답만을 요구하는 것이 아니라「정답이 없는 질문」에 마주하지 않으면 안 되는 일도 적지 않다. 그러한 「대학에서 공부한다는 것은 어떠한 것인가」를 1학년 혹은 2학년 학생의 뇌리에 각인되기를 바라는 생각에 이 「테마 칼리지」라는 시스템을 도입했던 것이다.

영어 커뮤니케이션능력 향상의 시스템

「교육연구의 개방화」의 일환과 함께 교양과정 개혁의 또 하나의 핵심은 「영어 개별지도」라는 어학의 습관 시스템이다.

종래에 와세다의 학생은 원서강독 등과 같이 책상 위의 영어는 어느 정도 할 수 있지만 운용능력이 없었다. 다시 말하자면 영어로 커뮤니케이션을 행하는 능력이 낮았다. 전통적으로도 그러했다.

그러나 앞장에서도 언급했듯이 국제화가 급속히 진전되고 있는 현재, 와세다가 아시아 뿐만 아니라 세계에서 명문대학으로 존립해 나아가기 위해서는 그 기반이 되는 학생이 영어 커뮤니케이션 능력이 낮은 상태로는 도저히 무리라고 생각된다.

와세다 대학이 국제적인 대학의 네트워크를 구축하여, 해외의 주요대학으로부터 유학생을 받아들이는 대학으로 인지되고, 반대로 와세다에서 학생을 보내고, 또는 교수간의 공동연구를 하고, 교직원 간의 교류를 도모하는 것이다. 결국 그 때문에 기반이 되는 학생의 영어 회화 능력뿐 아니라 더욱 더 커뮤니케이션 능력을 향상시켜야만 한다. 다른 말로 하자면 와세다 자체의 국제 커뮤니케이션 능력을 높이는 한편, 국제화를 강력히 실천하지 않으면 안 된다는 것이다.

「영어 개별지도」를 도입한 또 하나의 배경에 대해서도 설명하지 않을 수 없다.

버블경제 시기 이전의 일본 기업은, 대학에 소재로서의 인재 공급만을 요구할 뿐 모든 것이 갖추어져 있는 인재를 요구하지는 않았다. 그러나 버블붕괴를 통과한 직후 해외기업과의 까다로운 경쟁 하에 놓이게 되자 일본기업은 대학에 현장에 직접 투입할 수 있는 인재 공급을 요구하기 시작했다. 「현장에서 통용할 정도의 실력을 대학에서 단련시켜 오라」는 셈이다. 그 중에서도 요구도가 높았던 것은 「컴퓨터」와 「영어」다. 비즈니스의 실무는 기업에서 가르치지만 위의 두 가지는 기본적 기능으로서 대학에서 확실히 교육하기를 바라는 것이다. 이러한 기업의 목소리에 학생이나 부모는 매우 민감하다. 1990년에 창설된 게이오대학 쇼난 후지사와 캠퍼스의 「종합정책」 「환경정보」의 두 학부에 많은 지지가 모였던 것은 교육면의 참신함은 물론, 그러한 기능 교육으로의 기업 측뿐 아니라 부모・학생 측의 강한 요구가 있었기 때문이라고 생각된다.

와세다의 경우 컴퓨터 교육에 관해서는 상당히 빠른 시기에 착수하여 그 면에서의 선진성에 대해서는 그 나름대로 자부심이 있었다. 현재에는 전 학교가 동일 커리큘럼에서 「정보기초연습」이라는 미디어 네트워크가 제공하는 과목이 있고, 실질적인 수강생인 신입생은 32%이며 졸업까지는 약 절반의 학생이 이수한다. 후술(後述)하는 것과 같이 최근에는 다채로운 정보계 과목을 개설하고, 이제는 컴퓨터 교육에 관해서 와세다는 일본의 어느 대학과 비교하더라도 선두를 달리고 있다고 해도 과언이 아니다. 그렇게 되면 역시 최대의 문제는 영어를 자유자재로 사용할 수 있는 능력이다.

그래서 1996년 봄, 우선 80명의 모니터 학생대상에 실험적으로 「영어 개별지도」제도를 시작하게 했다. 교육방법은 단순히 강압교육을 하는 것이 아니라 습득하기 쉬운 수업 시스템이나 교재 개발을 도입하였다. 그 후 2002년도부터 「영어 개별지도」는 정규 커리큘럼에 도입되어 현재는 1년간 1만 2000명의 학생이 수강을 하는 성황이다.

이 정도의 규모로 소인원의 영어회화 교육을 실천하고

있는 대학은 내가 언뜻 들은 바로는 일본에서는 없는 듯하다. 1학년이 중심이지만 중급, 상급반도 있고 2학년 이상도 상당수 참가하고 있다. 즉 와세다는 거대한 영어회화 스쿨로 변화하였기 때문에 근접해 있는 다카다노바바(高田馬場)지역 주변의 영어회화 학원들은 학생이 줄어서 경영이 위태롭다는 우스갯소리가 있을 정도이다.

「영어 개별지도」의 특징은 네이티브 혹은 그것과 동등한 능력을 가지고 있는 강사 1명과 학생 4명이 한조를 이룬 밀도 높은 그룹 학습을 전개한다. 앞에서도 말했듯이 학습의 방법, 교재는 와세다가 독자적으로 개발한 것이다.

90분 수업을 주 2회, 10주에 걸쳐 반복하지만, 그 사이 학생에게는 철저히 영어로 사고하도록 하고 회화 능력 또한 요구되어진다. 이 때문에 예습이 빠질 수 없다. 소수 수업에서 학생들의 어휘를 포함한 회화 능력을 단기간에 상당한 수준까지 올릴 수 있도록 계속 노력하고 있다. 「입학 당시가 가장 영어실력이 좋다」라는 말이 많은 대학의 상황이지만 와세다는 이런 부분에서 조금씩 벗어나고 있다.

시작당시부터 2005년도까지 총 2만 5000여명의 학생이 수강하였는데, 그 중 80%가 한 학기 20회의 수업에서 토플 점수를 향상시켰다는 통계에서도 그 효과를 알 수 있을 것이다. 그 중에는 200점이나 점수를 올린 학생도 있다. 이미 정치경제학부, 법학부, 사회과학부, 국제교양학부, 인간과학부, 스포츠과학부의 6학부에서는 「영어 개별지도」는 필수과목으로 되어 있다.

나는 한 명이라도 더 세계 톱 수준의 대학에서 가치 있는 공부를 할 수 있도록 만들기 위해 토플시험 600점을 목표로 담당 관계자에게 격려하고 있다.

「영어 개별지도」는 대학 측으로서는 4인 1조로 한 부스를 준비할 필요가 있기 때문에 단순히 계산을 해도 25000부스를 준비해야 한다. 그것만으로도 대학으로서는 상당한 비용이 들지만 비용이 든다 하더라도 손을 놓을 수는 없다. 오히려 더욱 더 많은 학생이 참가할 수 있도록 질과 양을 함께 확대해야 한다. 또한 아시아와의 관계를 중시한다는 의미로, 영어뿐만 아니라 중국어 코스인 「중국어 개별지도」도 이미 시작하고 있다.

대량생산 교육으로부터 벗어나다

지금까지 이 책을 읽어주신 분이라면 와세다 학생들이 왜 공부하게 되었는가, 그 구조에 대해 어느 정도 이해하셨을 거라 생각한다.

그리고 동시에 많은 독자 여러분은 과거 「거대 대학」이라고 불리고, 학생 교육에 관여하지 않는 「대량생산 교육」 「자동식 교육」의 대표로 평가되어 왔던 와세다도 바뀔 수 있다고 다시 한 번 생각하게 되었을 거라고 확신한다. 「테마 칼리지」의 세미나는 정원이 20명이고, 「영어 개별지도」는 교수 한 명에 대해 학생은 4명에 불과하다. 「테마 칼리지」는 입학한 모든 학생이 참가할 수 있는 것은 아니지만, 적어도 「대량생산 교육」과는 상당히 다른 교육 스타일이라고 생각한다.

왜 이러한 방향으로 개혁이 진행된 것인가, 또는 진행하지 않으면 안 되는가. 말할 것도 없이 바로 거기에 와세다 대학이 지금부터 지향하려고 하는 대학상이 있기 때문이다.

이 점에 대해서는 제2장에서 상세히 설명하겠다. 여기에서는 우선 왜 와세다 대학 그리고 내가 그러한 방향으로 개혁을 단행했는지에 대해서 나의 체험을 시간적 경과에 따라 설명하고 싶다.

앞서 서장에서도 언급했듯이 와세다 대학에서는 60년대 후반에서 70년대에 걸쳐, 거대한 학원분쟁의 폭풍우가 거칠게 불었다. 동경대학이나 동경교육대학(현. 츠쿠바 대학)과 같이 입학시험 중지라는 최악의 사태까지 이르지는 않았으나, 1970년 전후의 수 년 간은 수업다운 수업을 할 수 없었고, 전후 10년에 걸쳐 교내는 혼란의 연속이었다. 당시의 일을 생각하면 교육자의 입장에서 나는 참으로 부끄러웠다. 일부 학생들의 행동 때문에 다수의 학생에게 확실한 대학교육을 받을 기회를 주지 못한 채 졸업을 시키게 되었기 때문이다.

「튜토리얼 · 잉글리쉬」의 교육 풍경

이 사실에서도 알 수 있듯이 기존의 대학 교육을 비판하고, 일본의 대학을 폭풍우의 소용돌이 속으로 휩쓸리게 했던 전공투 운동은 결과적으로는 오늘에 이르기까지 대학 개혁의 기점은 되지 못하고, 많은 에너지와 시간, 젊은 재능의 소모로 끝났다는 것이 나의 솔직한 심정이다. 와세다에 대해서 말하자면 소모라고 하기보다, 그 후 약 20여 년간 무법자적 정치 당파가 학생활동의 자치를 대의명분으로 학원제의 지배를 지속했기 때문에 마이너스 쪽이 크다고 해도 좋을 정도이다.

와세다 대학의 개혁 착수

오늘날까지 진행해 온 와세다의 대학개혁이 본격적으로 시작된 것은 오쿠시마 다카야스 법학부 교수가 1994년 제14대 총장에 취임하고, 나도 교무부장에 이어 상임이사로서 대학개혁, 특히 교무부문의 개혁을 중심으로 협력하게 된 이후부터이다.

그 때부터 오쿠시마 다카야스 전 총장은 교내정세의 정상화에 돌진하고, 나는 주로 교무부문의 개혁에 몰두하여 이사회 · 대학 측이 움직이기 시작했다. 특히 대학개혁을 시작하려고 지금까지 해 왔던 일을 모조리 꺼내, 교육·연구의 내용도 전부 다시 정리하고 철저히 개혁을 실행하려했던 것은 그 때 오쿠시마 총장을 중심으로 펼친 대학 개혁의 의지였다.

그렇지만 당시 대학에 와세다 대학을 다시 만들어 갈 비전이 나 자신에게 솔직히 확신이 있었다고는 말할 수 없었다. 그것보다 생각은 하고 있었지만 그다지 비전이라 할 만한 합리적인 개혁테마와 절차를 가지고 있지 않았었다. 다른 의미로 말하자면 비현실적이고 먼 미래의 비전을 제시하였기 때문에 의미가 없었다고 하는 쪽이 정확할지도 모르겠다.

물론 정확히 말하자면 전통 있는 와세다이기 때문에 더욱 달성해야만 하는 이유가 분명히 있었을 것이다. 그러나 내가 생각하고 있었던 계획을 밀어 붙이지 않고 그것을 모두의 자유로운 노력의 결실로 도달할 수 없는 것인가. 그 과정이야말로 중요하다고 생각했다.

그것에는 두 가지 이유가 있다.

하나는 내가 과학자라는 이유이다. 과학자에게 실증이야말로 무엇보다 최대의 근거이며, 미리 예측하고 단정 짓는 일은 엄격히 경계해야 한다. 대학 개혁을 진행하는 회의에서도 마찬가지이며, 모든 사람의 지혜를 결집해서 나온 실현가능하고 모두가 납득하는 「가장 뛰어난 안」을 채용해야 한다는 것을 기본적으로 생각해 왔다. 나 나름대로의 비전이 없었던 것은 아니었기 때문에, 결과적으로는 그것에 기울여 논의를 했을지도 모르지만 의도적으로 집약했다고는 생각하지 않는다.

다른 하나는 나의 경험에서 나온 것이다. 나는 이공학부의 교수였기 때문에 이공학부의 일은 문제의 소재나 그 해결법에 관해서 어느 정도 알고 있었다. 그렇지만 전기공학 이외의 타학과에 관해서는 그다지 상세하게 알고 있지 않았다. 더욱이 인문사회계열의 모든 학부에 관해서는 거의 지식이 없었다.

그렇다 하더라도 그 당시에도 와세다 대학의 전반적인 연구 · 교육 수준이 세계의 유력대학과 비교해서 높았느냐 하면 반드시 그렇지 않을 것이라고 직감은 했다. 물론 그것이 교수들이 자신의 교육 · 연구에 대해 불성실했다는 것을 의미하는 것은 아니다.

그럼 연구 · 교육의 수준을 높이기 위해서는 조직운영을 어떻게 해야 하는가, 교수는 어떻게 있어야할 것인가, 연구의 활성화는 어떠한 식으로 진행시켜야 하는가, 학생의 교육이나 커리큘럼은 어떻게 바꾸면 좋을까……. 모두 개선의 여지는 있다는 것은 알고 있었지만, 그것을 구체적으로 어떻게 변화시킬 것인가는 해답을 기다리고 있었다.

이번 대학전체의 개혁을 착수하기전의 이야기이지만, 나는 1980년에 대학 입시·사무 시스템의 개혁부터 시작하여 대학 전체 컴퓨터(정보)시스템 개혁을 계획하고 뒤이어 이공학부의 교무처장이 되어 학부의 커리큘럼 개정을 착수하였다. 그 때 책정한 커리큘럼은 이번에 겨우 개정될 수 있었지만 약 20년에 걸쳐 진행되어 왔다. 그러한 의미로 볼 때 그 때의 개정은 상당히 규모가 컸으며, 당시 나 자신도 철저히 커리큘럼을 개혁하려고 동료들과 작업을 했었던 기억이 있다.

이것저것 나는 자칭「개혁 청부인」을 맡아왔지만, 그러한 경험을 통해서 통감했던 것은 가령 내가 생각하고 있는 비전을 멤버에게 강요하려고 한다면, 멤버들의 반발을 사고 원활한 합의형성은 이룰 수 없게 되어 작업이 원활히 진행되지 못한다는 것이었다. 컴퓨터 시스템의 도입을 기획했을 때에는 아날로그 문화에 익숙해져 있던 베테랑 직원들로부터 거센 반발이 있었다. 그래서 나는 먼저 젊은 직원을 이해시키기 시작하고 차츰 찬성자를 늘려 대학의 기간 시스템의 구축까지 진행시켰다.

먼저 찬성한 사람들부터 개혁을 시작하다

지성의 중심지라고 불리는 대학도 결국은 인간의 집단이다. 교직원의 경우는 이론적으로는 알고 있어도 자신의 이해득실에 관련된 것이라면 본능적으로 반발과 저항을 하게 되어 있다. 또한 각자가 자신의 주장을 가지고 있기 때문에 나의 제안이 간단히 받아들여지지 않았다. 와세다의 경우 「학부자치제도」이기 때문에 전통적으로 각 학부의 교수회가 강한 권한을 가지고 있다. 대학경영의 책임자인 총장이나 이사회라고 해도 억지로 학부자치에 참견할 수 없었다. 그러나 대학개혁은 어느 측면에서는 「학부자치」에 참견해야만 했다. 당연히 마찰계수는 높아질 수밖에 없었다.

그래서 내가 도입한 것은 결론을 강요하지 않고 가능한 한 편안한 분위기에서 논의하고 의견을 내도록 설득하고 최종적인 합의를 목표로 하는 방법이다. 이 방법은 확실한 결론에 이르기까지 걸리는 많은 시간과 의논만 한다는 것이 얼마나 의미가 있겠는가라는 목소리가 높아지는 것도 드문 일은 아니었다. 그러나 거듭된 의논을 하는 과정에서 멤버간의 상호 이해가 깊어지고, 누구의 안이 논리적이고 혹은 합리적인가, 또는 누구의 안이 지금 보다 명확하고 채용할 만한 가치가 있는지는 서서히 드러나게 되었다.

이와 같이 나는 합의가 이루어지는 과정에 시간과 의미를 두면서 개혁을 진행해 왔지만, 전원이 찬성하는 일은 좀처럼 없었고 논의를 거듭해도 결론이 나지 않았다. 그런 경우에는 논의가 교착상태에 빠지더라도 더욱 더 토론을 반복하고 반대파가 포기하고 「그 정도까지 이야기한다면 한번 해보는 것은 어떻겠습니까?」라는 발언이 나올 때까지 계속 기다렸다. 그 사이 물론 관련된 각 학부들과 미팅을 가지고 교수회에서도 계속 설득했다. 결국 육체적으로나 정신적으로도 단단히 각오하지 않으면 할 수 없었다고 생각한다.

종래 와세다에서는 이사회가 제안했던 개혁 마스터플랜과 아이디어는 교수의 이해관계와 반대되면 대부분 실행할 수 없었다. 각 교수회는 「그런 것은 필요 없다」「쓸데없는 일은 그만 합시다」「그것은 와세다의 전통에 맞지 않습니다」라고 말하며 모조리 무시해 왔다. 쓸데없는 일에 관여하기보다 연구실 안에서 무사안일주의, 종래대로 지내기를 원하고. 개혁을 두려워하는 대학인들도 적지 않았다.

그래서 우리들은 대학구성원에게 강제적인 「결정」으로 개혁을 진행시키지 않고, 방향을 정할 수 있는 다양한 시책으로 우선 「참여하고 싶은 사람만 참여하시오」라는 형식으로 추진하였다. 오늘날 대단히 평가가 높다고 자부하고 있는 와세다의 최초 독립대학원인 아시아 태평양연구과를 만들 때에도 「테마 칼리지」나 「영어 개별지도」를 설치할 때도 마찬가지였다.

SFC와 인문과학부

와세다 대학의 교육개혁이 크게 변하게 된 최초의 계기는 유감스럽게도 내재적인 요인이 아니라 사실은 외재적인 요인이었다. 즉 문부성(현 · 문부과학성/교육부)이 종래의 방침을 변경하여 대학교육에서 일반교양과정을 폐지하고, 각 대학이 독자적인 커리큘럼을 편성하는 이른바 「커리큘럼의 다양성」을 인정한 것이 계기가 되었다.

학부일람

· 정치경제학부	· 창조이공학부
· 법학부	· 선진이공학부
· 문화구상학부	· 사회과학부
· 문학부	· 인간과학부
· 교육학부	· 스포츠과학부
· 상학부	· 국제교양학부
· 기간이공학부	

오랫동안 라이벌인 게이오대학의 쇼난 후지사와 캠퍼스(SFC)의 신설에 영향을 받은 부분도 크지 않은가 라는 질문이 있겠지만, 솔직히 말해서 와세다의 개혁은 와세다 독자의 일로 SFC를 각별히 의식한 것은 아니다. 지금도 그렇고 그 당시에도 그렇다. 일본의 사학이 독자의 시점에서 행한 최초의 개혁이라는 점에서 SFC를 높게 평가하지만, 어디까지나 와세다는 와세다이다.

SFC설립시 나는 이공학부의 교수였지만 당시 이공학부에 관한 연구·교육·시설 모든 면에서 게이오 대학보다 한 수 위였다고 자부하고 있다. 학부로서의 규모나 운영 시스템이 다르기 때문에 단순히 비교하기는 어렵지만, 라이벌이라기보다는 좋은 동료라는 인식이었다.

그러나 SFC가 생기고 게이오가 인기를 얻게 되는 그 때 단카이 주니어세대의 동경사립대 붐도 있었으며, 게이오를 지망하는 학생의 수준이 높아지고 이공학부의 편차치 수준도 높아지기 시작했다. 그러한 상황에서 와세다도 이미지 향상을 위해 조치를 취하지 않으면 안 된다고 생각했으며, 간판학부인 정치 경제학부 등은 개혁을 피할 수 없을 것이라고 보는 견해도 사실이다.

이야기가 조금 빗나갔지만, 게이오가 SFC를 창설한 시기에 와세다는 창립 100주년 기념사업의 하나로서 인문 과학부를 도코로자와(所沢)지역에 신설하였다. 이 신설학부는 학제적인 새로운 구상을 제시하였지만 수험생으로부터는 정통적인 내용과 교육법적 학부로 인식되었기 때문에 사회에 큰 영향을 주지 못했다. 그러나 그 후 2003년에 인문과학부 안에 스포츠 과학부를 분리하고 스포츠 과학부를 신설, 재편정리하여 양쪽의 학부도 콘셉트가 명확하게 되면서 우리들은 예상을 뛰어넘는 수험생의 인기를 모으고 있었다.

그것은 어찌 되었든 간에 와세다 개혁은 SFC보다도 「커리큘럼의 다양화」가 원점이라는 인식에는 변함이 없다.

큰 의미를 가진 「커리큘럼의 다양화」

이 「커리큘럼의 다양화」는 전후의 대학제도의 변천을 생각한 후 혁명적인 성과였다고 해도 좋다. 그것에는 두 가지의 의미가 있다.

우선 하나는 대학 측이 커리큘럼을 독자적이고 자유롭게 결정할 자유를 얻었다는 점이다. 종래 고등학교 시절에 배웠던 내용을 일반교양의 이름으로 다시 한 번 시킨다는 것이 학생의 공부의욕을 감퇴시키는 것뿐 아니라, 전문교육도 도 중에 끝내고 있다는 비판이 강했다. 그것을 개혁할 수 있다는 것이다. 그러한 일도 있고 대학에 따라서는 교양과정(혹은 교양부)을 폐지, 혹은 개편을 하는 곳도 나왔다.

다른 하나는 그것과 관련한 각 학부에서 어학이나 일반교양의 교수 재배치를 생각하지 않을 수 없다는 것이다. 종래는 어학이나 일반교양의 학점수가 정해져 있었기 때문에 당연히 그것들을 담당하는 교수의 절대수도 자연히 정해져 있었다. 와세다의 경우 사회과학계의 학부에서도 전문과정의 교수와 어학이나 일반교양과정의 교수의 비율은 거의 반반이었다. 아무래도 전후의 새로운 대학 설치 기준이 되지 않을 수 없었던 것이다.

그러나 「다양화」보다 일반교양과목의 재편성을 진행하려고 하자 어학이나 일반교양과목을 담당하는 교원들 중 적지 않은 사람들의 수업내용에 큰 변화가 생기지 않을 수 없게 되었다. 당연히 그러한 사람들은 개혁에 대해 반대 입장에 섰다.

사실 이 시점에서 「국제화」와 「정보화」가 와세다에서도 중요한 과제였다. 그 중에서도 국제화를 위한 영어 교육의 질적 향상은 시급한 문제였다. 그 때까지 교양과정에서 어학교육은 원서를 강독하는 등 나름대로 질이 높았었는지는 모르지만, 회화를 포함한 국제적인 커뮤니케이션 능력을 키우는 일에 관해서는 거의 무력에 가까웠다. 대부분 한 반에 40명 정도의 규모에서 가령 네이티브 발음을 배우기 위해 때에 따라서 테이프 레코더를 가져와 수업을 했다하더라도 제대로 된 영어회화 교육이 됐을 리가 없다.

그래서 생각한 것이 앞에서 언급했듯이「영어 개별지도」의 계획이다. 그러나「교수자격도 없는 사람에게 영어를 가르치게 한다는 것은 문제다」「그러한 방법으로 어학력이 향상될 리가 없다」등 반대의 목소리가 여기저기에서 높아졌다. 어학교수로서는 일자리를 잃는 위기였기 때문에 신중했다.

물론 대학 측으로서도 커리큘럼을 개편한다고 해서 고용하고 있는 어학이나 일반교양계의 교수를 그만두게 하는 것과 같은 일은 생각하고 있지 않았으며 그렇게 되지도 않았다. 대학 측으로서는 그들을 활용해서 새로운 전개를 생각해야만 하는 중대한 문제에 직면하였던 것이다.

모든 문제를 단번에 해결할 묘책

그러한 두 가지의 문제를 동시 병행해서 해결하는 것과 함께 1, 2학년 때 공부의식을 높이는 방책으로서도 효과가 있지 않을까 해서 먼저 도입하게 된 것이 「테마 칼리지」시스템이다.

어학 교수들은 어학교육만을 연구해 온 것은 아니고, 예를 들어 프랑스어 교수는 프랑스 문학을 연구하거나 지중해 문명을 연구하기도 한다. 또는 프랑스의 법제도를 연구하기도 한다. 그러한 교수에게는 어학 이외의 것을 배우게 한다. 좀 더 많은 어학교수들은 전문과정의 교수와 같은 입장에서 그러한 것을 전문적으로 교육하거나 연구하지는 않기 때문에 간단히 학문체계가 세워지는 것은 아니다. 그래서 복수교수의 제안제에 의해 1, 2학년 대상의 교양 세미나를 만들게 되었다.

이러한 제안에 대해 교수 사이에서는 '흥미 있을 것 같군', '내가 관심을 가지고 있는 테마로 무언가 할 수 없는 건가', '동료들을 모아 연구해 보고 싶다'는 등의 움직임이 일어났다. 그들은 종래 학부의 틀을 넘어 모여서, 공동작업과 합숙을 하면서 마침내 테마를 정해 체계적으로 진행해 갔다. 처음에 참가한 교수는 그다지 많지 않았지만, 앞에서도 언급했듯이 수강한 학생이 4000명을 넘는 규모까지 발전하게 되었다.

그러나 「테마 칼리지」만으로 일반교양계의 교수를 흡수할 수 있는 것은 아니다. 당시 우리들은 와세다의 교육 수준이 반드시 높았던 것은 아니기 때문에 위기감을 갖고 있었다는 것은 앞에서 언급한 대로이지만, 한편으로 그것을 어떻게 해결할 것인가는 아직 과제로 남아 있었다.

예를 들면 와세다의 사회과학계의 각 학부는 정치경제학부를 비롯하여 학생수가 한 학년에 1000명이 넘는다. 그 많은 학생에 대해 품질이 높고 철저한 교육을 하는 것은 상당히 어렵다. 어떻게든 학부의 규모를 한 학년 당 900명 이하로 하고 싶다고 생각한 적이 있었다.

그러나 대학경영이라는 측면에서 생각하면 각 학부의 정원을 900명 이하의 규모로까지 단번에 줄일 수는 없다. 솔직히 사립대학인 이상 수업료, 입학금, 매년 수업료 등의 수입의 측면을 생각하면 총 정원을 줄이는 것은 매우 어렵다.

그래서 대두된 의견이 기존학부의 정원을 900명 이하로 하는 한편, 신설학부에서 총 정원이 감소한 부분을 보충하자는 것이었다. 또 대학 전체가 어학의 운용능력을 높이고, 국제화에 대응할 필요가 있다는 인식이 높아진 것뿐만 아니라,

유학생을 받아들이고, 또 지망수험생의 수요가 높아졌다. 대학으로서도 설치의 필요성을 통감했었던 국제관계학부의 신설이 큰 테마로서 부상했다. 또한 앞에서 언급했듯이 교육의 다양화에 관련하여, 어학관련교수의 과잉문제 등도 하나의 문제로 대두되었다.

이러한 모든 문제를 한 번에 해결하는 방법으로서 생각한 것이 2004년 국제교양학부의 신설이다. 기존 대학의 국제관계학부나 외국어학부와 경계를 분명히 하고, 어학만을 공부하는 것이 아니라, 유럽이나 미국의 교양과정(liberal arts)계 대학에서 보인 것처럼 문화나 사회, 정치 경제, 자연과학까지 폭 넓게 배울 수 있다는 장점을 내세워 신설하게 된 것이다. 그리고 학부의 공통어를 영어로 하고 교과서와 수업도 영어를 원칙으로 했다. 또 해외의 유학생 비율도 종래와 비교하여 대폭 높였다. 어학을 담당하고 있었던 많은 외국인 교수도 여기에 모였다.

이렇게 글로서는 실제로 간단히 일을 진행했다고 생각할지 모르겠지만 그렇지는 않다. 지금의 모습을 갖추기까지 상당한 시간을 들여 의논하고, 새롭게 신설할 학부와 어떠한 성격으로 할 것인가, 학생은 과연 모일 것인가, 마케팅과 시뮬레이션을 몇 번이나 진행하면서 의견을 집약시킨 것이다.

지금 국제교양학부는 어학이나 국제관계교육을 행하고 있는 국내의 모든 대학에서 많은 주목을 받고 있다. 수험생의 질도 국내외 모두 우리들의 예상을 뛰어 넘어 매우 높았다.

현재 나는 총장으로서 재임 2기째에 들어왔다. 그렇지만 이제 정년까지 남은 기간은 4년밖에 없다. 그야말로 시간이 별로 없다. 개혁은 현재 70%정도 진행되었지만, 지금부터가 가장 중요한 고비이고, 좀 더 개혁의 스피드를 올려 나갈 필요가 있다. 교육, 연구의 수준을 올려 졸업하는 학생 모두가 「와세다에서 배워서 좋았다」라고 생각할 수 있는 새로운 대학을 만들기 위해 나는 물론 교내의 진지함도 한층 더해가고 있다.

와세다 캠퍼스 풍경

제 2 장

와세다가 지향하는 교양과목은 무엇인가

(早稲田が目指す リベラルアーツとは何か)

바람직한 형태로 변하는 교양교육

앞장에서 언급한 사회과학계 각 학부의 정원 축소, 교내의 개방화 추진, 「테마 칼리지」창설, 1·2학년을 대상으로 적은 인원수반을 구성하여 지적 연마, 「영어 개별지도」에 의한 철저한 어학기능 연습을 위한 교육 등 일련의 개혁 경위를 소개했다. 다음 장에서는 이에 덧붙여 이공학부, 제 1문학부·제 2문학부의 재편성을 하고, 기동적 학부운영을 목표로 축소화를 단행했던 경위를 설명할 예정이다.

사실은 이러한 모든 것이 와세다가 목표로 하고 있는 대학상, 좀 더 좁은 의미로 정의를 내리자면 와세다가 목표로 하고 있는 교양과정, 즉 교양교육의 본연의 모습과 관련이 있다 할 수 있다.

결론을 먼저 말하자면 와세다 대학의 교양교육은 상당히 바람직한 형태로 진행해 왔다고 나는 생각한다.

일반적으로 교양교육하면 앞 세대의 사람들은 과거의 명문고등학교 서열을 우선시하는 교육을 상상할 것이고, 그렇지 않은 사람들은 미국의 교양과정 대학을 떠올릴지도 모른다. 유감스럽게도 전후의 일본 대학에서 일반교양과정으로 바로 연결해서 생각하는 사람은 극히 드물다. 아마 전후 대학의 일반교양과정은 본래 교양과정이 가지고 있는 교양주의나 인간주의와 꽤 떨어져 있기 때문일 것이다. 고등학교 수업과 어떤 점이 다르며, 질적으로 어느 정도 우수한지 묻는다면 명확히 대답할 수 없는 강의도 적지 않다.

또 다른 문제는 대중교육이다. 교양과정 · 대학을 예를 들 것 까지는 아니지만 교양교육은 소수의 엘리트 교육과 불가분한 관계이다. 교수와 소수의 학생이 인격적으로 소통하는 것이 본래 교양교육의 본질이라고 나는 인식하고 있다. 그렇지만 큰 강의실에서의 강의식 수업에서는 아무리 훌륭한 교육자라 하더라도 수백 명 학생을 상대로 강의를 하는 한, 인격적인 소통을 하는 것은 상당히 어렵다. 동시에 인격을 입증할 수 없는 지식은 천박하게 보인다. 자유방임이라는 단어와 바꾸어 조금은 미화된 것도 있겠지만, 전후 와세다에 있어, 와세다에만 한정된 것이 아닐지는 모르지만, 일반 교양과목을 포함한 대중교육은 교양교육과는 거리가 멀다고 할 수 있다.

교수와 학생의 접점을 얼마나 늘릴 것인가

와세다의 경우 대중교육의 폐해로부터 건져낸 것이라 한다면, 대학내에 있는 크고 작은 다양한 동아리모임의 다채롭고 활발한 활동이다. 그곳에서 길러온 선배·동료·후배와의 밀접한 인간관계나 인격적이고 지적인 연마가 많은 학생의 지식, 교양, 인격형성에 큰 영향을 주었던 것은 부정할 수 없다.

그러한 동아리가 영화, 연극, 음악, 문학 등에서 각종 스포츠에 이르기까지 많은 인재를 사회에 배출해 온 것은 틀림없다. 지금도 나는 와세다 대학의 다채로운 동아리 활동에서 적극적인 가치를 찾아내고 있다. 몇 만 명이나 되는 대학의 구성원 속에서 학교 수업도 제쳐놓고 동아리 활동에만 전념하는 학생이 일정 비율 존재하는 것은 대학이라는 생태계에서는 건전하고 바람직한 일이다. 가장 걱정되는 일은 귀중한 청춘을 목적도 없이 단지 막연히 낭비하고 있다는 것이다.

그렇지만 동아리는 동아리이다. 가령 그 동아리가 학술 목적이더라도 대학이 본래 가르쳐야 할 아카데미즘을 토대로 한 지식교육, 연구수법 교육 등과는 큰 차이가 있다고 생각된다. 동아리는 대학 본래의 교양교육의 기능을 완전히 대체할 수는 없다.

이와 같은 교양교육 뿐만 아니라 전문교육에 이르기까지 종래의 와세다 대학에서는 유감스럽게 많은 일들을 소홀히 여겨 왔다. 더욱이 교수의 대부분은 대중수업 속에서 스스로의 생태계에 빠져 충분히 학생 쪽을 바라보지 않았다. 학생과의 인간적 접촉에 관해서도 마찬가지이다.

사실 우리들이 지금 추진하고 있는 대학 개혁은 학부의 축소나 테마칼리지 등이 그 대표적인 예이지만, 교수가 학생과 보다 많은 접점을 갖는 일이야 말로 글로벌화가 급진전되고 있는 새로운 시대에 필요한 교양교육, 질이 높은 교양교육이며, 이것이 와세다가 되찾으려는 시도이다.

현재 우리들은 그것과는 별도로 학부, 학생처, 교무처가 연계하여 2,000명의 전임교수로 기숙사 생활을 조직해서 2학년까지 2만 명의 학생을 관리하는 조직을 만들고 싶다. 가령 이 시기에 실패가 있더라도 신속하게 관리해 준다면 많은 학생이 다시 일어 설 수 있다고 생각했기 때문이다. 와세다는 학생을 잘 보살피고 학생을 양성하는 친절한 대학으로 계속 변화하고 있다.

현대 교양교육 「세 가지의 키워드」

여기에서 먼저 현대의 교양교육이라는 것을 나름대로 생각해 보았다. 물론 이것은 교내의 모든 사람의 공통화된 인식이 아니라는 것을 사전에 밝힌다.

오늘날에 있어서 교양교육이란 어떠한 의미이고 어떻게 유지되어야 하는가.

솔직히 말해서 이 문제의 정답은 매우 복잡하고 어렵다. 현재라는 시대가 그러한 것처럼 무엇이든 정답이 될 수 있는 동시에 무엇이 교양인지 논의하는 그 자체에 의미가 없으며, 혹은 논의를 한다 하더라도 논의하지 못하는 것은 아니기 때문이다.

그러나 굳이 한 단면만이라도 말해야한다면 하나는 「현대」라고 하는 말과 「국제화」, 그리고 또 한 가지 잊어서는 안될 가장 중요한 「와세다에서의」라는 키워드가 떠오른다.

앞장에서 와세다가 대학으로서 교육・연구 분야에서 아시아의 유력대학 뿐만 아니라, 세계의 유력 대학과 어깨를 나란히 할 수 있는 대학이 될 필요성과 목표를 갖고 있다.

오쿠마 시게노부(大隈重信)창립의 동경전문학교 이후 와세다는 아시아 지향을 할 수 있는 대학이다. 한국이나 중국의 유학생을 적극적으로 받아들이고, 그 속에서 육성된 많은 인재가 후에 고국으로 돌아가 정치경제를 비롯한 다양한 분야에서 중요한 역할을 했다. 와세다가 아시아, 특히 동아시아의 인재육성에 많은 역할을 해 왔다고 나는 자신 있게 말할 수 있다.

2차 세계대전 후 오랫동안 아시아 지향이 중단되었었지만, 10년 정도 전부터 다시 와세다의 전통을 재정립하고 아시아 모든 나라와의 연결을 강화하려는 시도가 추진되고 있다. 최근 몇 년 동안 유학생의 증가 등 상당한 성과가 보이기 시작했다. 유럽이나 미국의 대학 등에서 아시아를 향한 와세대의 계획을 평가하는 목소리가 높아지고 있는 것도 사실이다. 그 속에서 와세다 대학의 학생이 교양을 갖추어야 한다는 것은 물론이다. 우선 일본뿐 아니라 아시아 태평양지역, 세계를 향한 목표로 21세기의 지도자의 역할을 짊어질 인재육성을 지향하기 때문에 충분한 교양을 갖출 필요성이 있다.

좀 더 구체적으로 말하자면 급속히 진전되는 국제화 속에서 다른 문화를 이해하고, 타문화권의 사람들과 커뮤니케이션이 가능한 능력을 갖추는 것이다. 어학을 교양이라고 부를 것인가, 기능이라고 부를 것인가는 개개인의 이해에 따라 다르지만 적어도 어학을 통해서 타민족, 타국가, 타지역의 문화를 이해하는 것이 오늘날 교양으로서 빼놓을 수 없는 것이라고 생각한다.

자주 이야기되어지지만, 유럽이나 미국인과 대화할 때 일본에 관해 정확히 이야기할 수 없는 일본인은 멸시당한다. 가부키, 노, 도예 등 일본의 전통적 예술·기예부터 역사나 현대 문화에 이르기 까지 어느 정도의 지식을 가지고 설명할 수 있는 것이 교양인으로서 인정받는다는 사실은 불가결한 조건이다. 물론 그 전제로서 물론 자국어의 높은 능력은 가장 중요하다.

그러나 그것만으로는 불충분하다. 국제화가 급격히 진행

썸머 캠프에서 대만 학생들과 교류

하는 「현대」라는 시대에서 주로 아시아를 지향하는 와세다의 학생에게 필요한 교양이라는 것을 정리해 보면, 자국을 기초로 하여 타국·타민족의 문화에 대한 이해가 필요하다. 즉 일본인인 이상 일본의 과거와 현재의 역사, 문화에 대해 충분한 지식을 가지고 확실히 이해하지 않으면 안 되며, 그것을 외국인에게 국제어인 영어로 잘 설명할 수 있어야 한다. 아울러 타문화의 이해를 깊이 공부해 둘 필요가 있다. 그러한 것들이 서로 가능할 때야 말로 진정한 커뮤니케이션의 기반이 된다.

와세다인다움을 갖춘다는 의미

「현대」라는 키워드는 오늘날의 정보화를 포함해서 급격한 기술변화의 시대라는 것을 나타낸다. 그러므로 컴퓨터·테크놀로지나 생명과학, 환경문제, 나노 테크놀로지 등 최첨단 분야의 과학지식을 전반에 걸쳐 이해해 둘 필요가 있으며, 동시에 현대의 과학기술의 모든 문제와 장래에 걸친 문제이다. 앞으로 사회에서 이러한 기술을 어떠한 방향으로 사용해 갈 것인가와 같은, 기술 이용의 사회적 문제 등에도 관심을 갖기를 바란다. 이는 윤리상의 문제를 포함해 상당히 어렵고 중요한 문제이기 때문이다.

이렇듯 인간사회가 계속 안고 갈 문제는 과학기술과 관계가 깊다. 그러므로 문제에 대해 이해를 하는 것이 중요하다. 그것을 가능하게 하는 교육으로서 교양교육을 빼놓을 수 없다.

2006년은 소위 「호리에몬(堀江貴文)사건」[6]이 세간을 떠들썩하게 했는데, 와세다 대학의 재학생, 출신자 중에도 개성이나 사고력・행동패턴 등이 그와 비슷한 인간이 존재한다고 생각한다. 그러나 그토록 단순히 이익추구에만 매진하지 않고, 사회전체를 생각하고, 어느 정도까지 도달하면 멈출 수 있는 와세다인이 되기를 바라는 마음이다.

현대라는 매우 복잡한 시대야 말로 오히려 고전적이고 단순하고 명쾌한 세상을 살아가려고 하는 사람이 늘어나고 있는 것도 사실이다. 미국의 학계, 정계, 제계에서도 신(新)고전파 경제학이나 신(新)보수 주의의 영향이 두드러지게 나타나고 있다. 그러나 그러한 흐름에 반해서 보다 넓은 시야를 가질 수 있고 모든 것을 깊이 생각하게 하는 교양교육을 앞으로도 진행할 필요가 있다고 생각하고 있다. 여기에 와세

6) 라이브도어의 사장인 호리에몬(堀江貴文)씨가 증권거래 위반혐의로 체포된 사건.

다인이 와세다인인 까닭이 있는 것이다.

와세다를 나와 더불어 사회에서 활약하고 있는 사람들 중에는 단순히 자신이나 자신이 소속된 조직의 이해를 넘어 일본 또는 인류를 위해서 도움을 주면서 살아가는 사람이 많이 있다. 이러한 와세다의 정의감이나 용기 있는 활동이 우리들의 전통이 되어 가고 있다는 것을 다시 한 번 강조하고 싶다.

그리고 대학졸업 후, 국제화가 급진전되는 일본 사회에 적응하고, 비즈니스 분야 등에서 활동하기 위해서는 경영의 지식이나 회계·경리지식 경우에 따라서는 기초적인 법률 지식 등도 요구되고 있다. 이것도 기능의 일종이겠지만, 커뮤니케이션이나 윤리적 사고력의 능력도 갖출 필요가 있다.

교양교육이라고 하면 연배가 있는 분들은 문학이나 철학을 바로 떠올릴지도 모르겠다. 감수성이 민감한 이 시대에 배우기를 바라고, 또한 교양을 높이는 것이 중요한 이 시기에 대학생활 4년간이라는 한정된 시간 안에 어떻게 활용해 갈 것인지 깊게 생각해 봐야 한다. 앞에서 세 가지의 키워드를 보면 약간 실천적인 쪽으로 비중을 실을 수밖에 없을 것이다.

요컨대 대학은 문화, 과학, 실무를 포함한 대학시대에 폭 넓은 지식과 교양, 또한 각자의 사고력 · 판단력을 갖출 수 있도록 대학이라는 장소를 제공해야 한다.

단순히 「장소」의 제공은 아니다

대학에서는 교양을 높일 수 있도록 도와야 하지만, 그렇다 하더라도 사실 대학이라는 곳이 교양교육을 어디까지 짊어져야 하는지 명확한 선이 없다. 그러한 이유는 교양이라는 것이 본래 개인적 요소가 매우 강하기 때문이다. 바꾸어 말하자면 교양은 단순히 여러 가지를 알고 있는 것뿐만 아니라, 각각 일정한 정도의 전문성이 요구되기 때문이다. 그렇지 않으면 진정한 교양이라고 불릴 수 없다.

진정한 교육을 획득하기 위해서는 본인의 지속력과 집중력이 필요한데, 만일 그렇지 못한 경우에는 「교양이 있다」라는 수준까지 올라가지 못하고 단지 박식하다는 수준에서 멈춰버린다. 따라서 열쇠는 바로 대상에 대한 「즐겁다」 또는 「좋아하다」 등의 감정이다. 이러한 감정이 없다면 집중력과 지속력을 유지할 수 없음은 물론 깊이 있는 추구도 할 수 없다.

즉 교양교육은 대학이 폭 넓은 지식을 얻을 수 있는 기회를 주는 것과 동시에 학생 자신이 자신에게 맞고, 자신이 좋아하는 「교양의 대상」을 확립시켜가는 것이라고 생각한다.

학생들로 하여금 말은 쉽지만, 실천은 상당히 어렵다는 것을 상기시키는 것이다.

우리들이 할 수 있는 것은 가장 큰 의미를 지니는 장소 제공을 포함해 환경을 정비하는 것이다. 학생들이 교양을 갖추고 싶어 하도록 환경을 조성해 주는 것이다. 에도시대의 사설 교육기관(서당)이나 제 2차 세계대전 이전의 고등학교 등이 의도적이었는지는 알 수 없지만, 그 학교 자체는 학생들이 우수한 교양을 기를 수 있게끔 환경을 조성하는 임무를 다 했다고 할 수 있다.

환경이 물리적인 장소만의 문제라고 할 수 있을지도 모르겠지만 사실 그렇지 않다. 거기에는 진심으로 교양과 지식을 갖추고 싶어 하는 학생이 많이 모여야 한다. 그러한 학생들이 모여 그 속에서 서로 자극을 받고, 경쟁심이 생겨나 실력이 향상되고, 결국은 재능이 점점 돋보여 감춰져 있던 능력이 발휘되기도 하는 것이다. 예를 들어 막부(幕府) 말기의 오사카에서 새로운 시대를 여는 많은 수재를 세상에 내보낸 오카타 코안(緒方洪庵)의 「테키테키사이쥬크(適々斎塾)」와 같은 서당 등에서 학생 한 명이 생활할 수 있는 장소는 겨우

손바닥 크기에 지나지 않았다고 한다. 그러나 좁고 소박한 학사에 그들은 치열한 경쟁심으로, 라이벌들이 잠들기만을 기다려 밤을 새면서까지 열심히 공부를 했다. 그 속에서 하시모토 나사이(橋本左内), 오무라 마스지로(大村益次郎), 후쿠자와 유키치(福沢諭吉)를 비롯하여 역사에 이름을 남긴 다재다능한 인재가 탄생하게 되었다.

물론 교수의 존재도 중요하다. 강의에 참석한 학생들이 흥미를 잃지 않고, 깊이 사고하고, 열심히 공부하고, 노력할 수 있도록 이끄는 것이 중요하다. 교수 자신의 지식・연구 수준 뿐만 아니라 인간적 매력도 중요하다. 물론 대학은 트레이닝 방법이나 교육의 구조, 교재의 구성 등을 항상 고려해야 할 필요가 있지만, 무엇보다 중요한 것은 교수와 학생의 의욕적인 마음을 계속 유지해 가는 것이다.

대중화한 대학에서 교양교육을 추구

현재 와세다 학생은 학교 성적 상위권 10%안에 들어가는 사람들이라고 생각된다. 같은 시대의 리더로 평행이동은 불가능하지만, 우선 리더 예비군이라고 불리는 층이 입학한다.

그러나 이것은 제 2차 세계 대전 이후시기의 대학 진학률에 가까운 숫자이고, 반드시 과거 제국시대의 고등학교나 미국의 교양 과정 · 대학과 같은, 선택된 초 엘리트들이 모이는 것은 아니다. 아마 일본의 경우 동경대생이라고 하더라도 상당한 엘리트라고는 말할 수 없을 것이다. 또한 그러한 교육도 받지 못하고 있다.

상당한 엘리트만이 모인 교양 과정 대학이라면, 모인 학생은 우수함은 물론 상승지향이 강하고 적극성도 있다. 학생 사이에서는 경쟁의 원리가 적용되어, 서로 자극받고 끝없는 노력을 한다. 그 속에서 뜨거운 우정도 태어난다.

그에 반해서 수준에 관계없이 희망하면 들어갈 수 있는 대중화된 현대의 일본 대학에서는 교양과정보다도 기능 교육, 직업에 연결된 교육이 보다 의미 있다는 의견도 있다. 그러나 나는 반드시 그렇게는 생각하지 않는다. 그러한 일본 대학에서도 18세부터 20세에 걸쳐 반드시 해야 할 훈련과 교육이 있고 또 필요다고 생각한다.

제국시대 고등학교나 교양과정 · 칼리지와 같은 사회 리더층 양성에 어울리는 전통적인 환경이나 교육방법은 다르지만, 현대시대에 그리고 대중화한 일본의 대학에 어울리는 새로운 교양교육이 있어야 하며, 그러한 교육을 우리들은 끊임없이 노력하면서 만들어가야 한다.

그렇게 하기 위해서는 앞에서도 언급했듯이 장소의 제공으로 먼저 스스로 하고 싶은 뜻이 있는 인재를 모으지 않으면 안 된다. 다음으로 그들을 경쟁하게 하고, 서로 끊임없이 노력하는 열정을 양성시키고, 교수와 학생이 한정된 인원으로 그룹을 구성한다. 그러한 구조를 만드는 것이 필요하다

덧붙여서 교양교육이라는 것은 하고 싶은 것을 하는 것으로는 사실 불충분하다. 가령 기업경영에 참여하고 싶은 사람에게 수학은 불가결하다. 그것을 무시한 사람은 경영자로서 부적절하다고 할 수 있다. 사회과학계 혹은 인문과학계의 학부학과라고 해서 수학이 필요 없는 것은 아니다. 어느 일정 수준까지는 강제적으로 공부시킬 필요가 있다. 국제화시대에는 영어와 같은 어학 습득이 이와 마찬가지일 것이다. 대학 측으로서는 학생에게 너무 큰 자유를 주기보다, 강제적으로 단련시키는 것도 경우에 따라서 필요하다.

어쨌든 학부를 축소화하는 한편 1, 2학년을 대상으로 20인 규모의 「테마칼리지」를 개설하고, 어학습득을 위해 교수와 학생이 1대 4의 「영어 개별지도」를 실시함으로서 와세다의 교양교육은 새로운 시대의 요구에 부응하게 되어 크게 전진하였다고 자부하고 있다.

앞으로는 오늘날 일본에서 큰 문제가 되고 있는 가정교육

과 지역교육의 약체화에 의해 발생하고 있는 인간적, 사회적 훈련의 강화를 교육의 모든 단계에서 생각해야만 할 것이다. 대학에서도 세대 간이나 지역 간의 격차 문제 또는 사회와 대학이 관련 있는 교양교육의 관심 영역을 넓혀야만 한다. 이와 같은 문제를 실천적으로 계획하면서 리더에 어울리는 교양을 갖출 수 있을 것이다. 이 점에 대해 사회나 지역 간의 관계에 따른 와세다 대학의 계획의 일부에서 급속한 진전이 보인다. 이 점은 다음 장에서 소개하기로 한다.

테마 칼리지「연극」강의실 풍경

제 3 장

교양력 양성의「장치」만들기

(教養力養成の「しかけ」づくり)

교양력 양성을 위한 「장치」

대학에서 교양교육이라는 것은 장래에 학교를 떠나 사회로 진출하는 학생이 어떠한 직업에 종사할 것인가에 대하여 비젼을 제시해 주지 않으면 안 된다. 교양교육이란 결국 여러 가지의 경력교육이다. 여기에서 말하는 경력교육은 「학생에 대한 바람직한 직업관 · 근로관 및 직업에 대한 지식이나 기능을 갖추게 하는 것과 함께 자신의 능력을 이해하고, 주체적으로 진로를 선택하는 능력 · 태도 또한 도전하는 투지와 목표를 달성할 수 있는 자신을 키우는 교육」을 지칭한다.

엘리트층에 속하는 어느 정도 뛰어난 능력을 가진 와세다 대학의 학생이라면 더욱더 교양을 키워야 한다.

나는 장래에 어떻게 살아 갈 것인가, 사회를 어떻게 파악할 것인가, 어떤 일에 종사할 것인가, 그 일에서 어떠한 역할을 성공적으로 해 낼 것인가, 그렇게 되기 위해서는 어떠한 지식을 갖추고 어떠한 노력을 하며, 어떠한 기능을 습득할 필요가 있는가.

그러한 것들을 진지하게 생각하게 하고, 사회를 이끌어가는 인간으로서의 자신감과 프라이드를 가지게 하는 것이 대학이 완수해야할 커다란 하나의 역할이다.

지금까지 오늘날의 교양을 생각할 때 잊어서는 안 되는 것이 국제화·글로벌화라는 키워드인 것을 여러 번 강조하였다. 이것은 모든 일을 국제관계 속에서 사고하게 하고 넓은 시야를 가지게 하는 교육이 중요하다는 것이다. 좀더 와세다적인 것, 곧 대학으로서 개성을 중요시하고 싶은 것이다.

이러한 과정을 걸쳐 경력 교육이라고는 하는 것의 중요성이 인지된 이상, 와세다에서는 현대의 젊은이에게 필수적인 교양을 갖추게 하기 위해서 다양한 「장치」를 고찰하고, 그것을 실행에 옮겨 왔다.

학생을 의욕적으로 변화시키고 그 능력을 발휘하게 하고 싶다면 교수가 탁상공론만을 해서는 안 된다. 어떤 한 곳에 발을 들여 놓았으면 주위의 경치가 다르게 보이도록 하고, 계속된 노력과 고생을 고생이라고 생각하지 않을 만한 충격적인 「장치」가 필요하다.

풍부한 감수성을 가진 학생시기에 자신을 연마하는 「장치」가 있다면, 학생은 반드시 그것에 반응하고 학습에 의욕적으로 임하게 된다. 그리고 자신의 가능성을 최대한으로 펼쳐갈 것이다.

그 중심이 되는 것은 「지적인 것이 즐겁다」라고 생각하게 하는, 「장치」와 「말할 수 있는 영어」와 같은 기능을 훈련하는 「장치」이다.

이어서 현대교양을 육성하는 와세다 대학의 계획에서 현재 커다란 성과를 올리고 있는 두 가지 「장치」를 상세히 소개하겠다. 동시에 그것들의 「장치」를 효과적으로 기능하게 하는 역할과 기능교육 중에서 영어교육과 함께 중요한 위치에 있는 컴퓨터교육에 대해서도 소개하겠다.

배움의 자세를 함양하는 「테마칼리지」

배우는 것은 즐겁다!

어느 날 강의실을 둘러보기로 했다.

「실러버스(강의내용)에도 써 있듯이 여러분이 신문에서 흥미 있는 생명과학 기사를 3점씩 스크랩해 왔습니까?」

처음 참가한 1학년의 K군은 「테마칼리지」의 수업에 다소 긴장한 표정으로 임했다. 이 수업은 「자연」이라는 테마칼리지 중 「현대사회에서 생물 과학・인류와 과학의 관점을 생각하다」라는 연습과목이다. 상학부인 K군은 고등학교 시절부터 지금까지 이과계의 과목에 착실히 임했던 적이 없었다. 왠지 다른 곳에 온 것 같은 기분으로 앉아 있는데 「학생은 어떤 기사에 흥미를 가졌습니까?」라고 교수가 질문했다.

「제일 관심이 있었던 것은 배성간세포에 의한 재생의료의 기사로……. 하지만 아직 잘 이해할 수 없는 부분이 있습니다만」이라고 기사의 개요를 설명한다. 「유전자 등에 대해 잘 알지 못하기 때문에 왓슨이라는 사람의 『이중 나선』이라는 책을 읽었지만, 중요한 부분을 이해 할 수 없어서……. 기본적인 지식이 없다는 것을 통감하였습니다.」

「다음에는 좀 더 초보적인 책을 읽어 보겠습니다」라고 한 K군에게 TA(조교)를 하고 있는 대학원생 O씨가 「거기까지 예습해 온 것은 훌륭해」라고 거들어 주었다.

다른 학생들도 K군에게 자극을 받은 듯이 연달아 발언하고, 그것이 또 다음 발언을 유도했다. 고등학교까지의 수업과 달리 쉴 새 없이 발언하는 자유로운 분위기 속에서 그곳의 공기가 부드러워졌다. 누군가 강제적으로 한 것도 아닌데 「모르는 것이나 어려운 것이 나 올 때마다 좀 더 알고 싶다」라는 의욕이 생겨 K군은 다음 수업까지 여러 가지 책과 테마를 읽어야겠다는 생각이 들었다. 그런 충실감에 K군은 신선한 자극을 느끼고 있었다.

이러한 풍경은 요즘 와세다의 어느 곳에서나 볼 수 있다. 고등학교 시절의 수업과는 전혀 다르고, 의욕과 지적 자극으로 가득 찬 테마칼리지의 적은 인원수로 구성된 세미나식 수업에 의해 와세다의 학생은 정말로 열심히 공부하게 된 것이다.

빠른 시기에 「지적 활동」으로 이끌다

이전의 대부분의 대학생은 「대학에 들어 왔기 때문에 이제 모든 것을 잊고 오로지 놀고만 싶다」라고 생각했었다.

최근 수년 동안의 경험에서 볼 때 나는 이제 그러한 일은 없다고 확신하게 되었다.

분명히 힘든 수험을 뛰어 넘어 대학에 입학했기 때문에 공부 이외의 것에 관심이나 호기심을 갖는 것은 당연하다. 특히 와세다는 동경의 도심에 있다. 동경 주변 이외의 지방에서 입학한 학생에게는 보이는 것, 듣는 것이 신기할 것임에 틀림없다.

그러나 그대로 흘러가 머지않아 늘 놀기만 하는 생활이 일상화되고, 결국에는 학생시절의 대부분을 낭비해 버린다면 과연 그것은 그들의 진심인가?

막 입학했을 당시 대부분의 학생은 새로운 생활에 맞는 의욕이나 포부를 가지고 있다. 극히 일부의 예외가 있을지 모르겠지만, 일반적으로 신입생은 지적인 것에 대한 흥미나 동경을 가지고 있다. 수험이나 테스트의 점수에 얽매이지 않고 진심으로 자신의 능력을 함양하는 공부를 하고 싶다고 절실히 갈망하고 있을 것이다.

그러나 동아리 활동에서 선배에게 「수업 따위는 착실하게 나갈 필요는 없다」 등의 말을 듣는다면, 결국에는 그것을 진심으로 받아들여 "정말 그렇구나"라고 생각하는 대학생이 되어 간다. 이러한 변화는 정말 단기간에 일어난다.

이것은 본인에게 손실일 뿐만 아니라 사회의 리더가 될 수 있는 자질을 지녔다 하더라도 묻혀 지기 때문에 사회의 손실이기도 하다.

그러나 아무리 말로만 「공부하세요」 「적극적으로 인생을 생각하세요」라고 하더라도 자유로운 분위기의 새로운 세상에 들어와 해방감에 젖어있는 학생의 마음에는 좀처럼 전해지지 않는 것 또한 사실이다.

그렇다고 해서 학생이 쉽게 흘러가는 인생의 귀중한 시기를 낭비해 버리는 것을 대학으로서 방관하고 있을 수만은 없다. 확실히 과거의 와세다에서는 이미 고등학교를 졸업한 성인이기 때문에 본인에게 맡겨 두는 것이 좋다는 의견이 많았다. 그러나 그러한 방임주의에 나는 찬성 할 수 없다.

대학시절에는 그 시기밖에 할 수 없는 공부나 지적훈련이 있다. 교수를 포함한 다양한 사람과의 만남이 있다. 그 시기에 극히 한정된 주위의 인간관계 속에서 가깝고 쉬운 놀이에만 시간을 낭비한다는 것은 참으로 안타까운 일이다.

이 시기는 성인이 되기 전의 마지막 완성의 찬스이다. 자각 없이 쉽게 자신의 풍부한 가능성을 펼치지 못하는 학생에 대해 오로지 수수방관만하고 있는 것은 젊은 사람을 교육해야할 대학의 양심에 어긋나는 것이다.

더욱이 지금의 와세다는 아시아의 글로벌적 수준의 대학간 경쟁을 뛰어 넘으려고 하고 있다. 학생의 질을 먼저 향상시키지 않으면 안 된다. 우리들은 이러한 생각을 토대로 대학을 본래의 교육의 장으로 바꾸고 싶은 것이다.

「배움」의 즐거움을 깨닫게 하다

대학의 대중화가 진행되고 있다고 해서 그것을 만연히 풀어주는 것만으로는 무자각으로 흘러갈 학생이 계속 늘어날 뿐이다. 수업료를 지불하여 대학에 적을 둔 유능한 젊은 이들의 장래를 진심으로 생각한다면, 대학은 좀 더 학생이 자신을 살려 성장할 기회를 주어야 한다. 그것이 대학의 역할이고, 일종의 어버이 같은 마음이라고 할 수 있을 것이다.

안이한 생활이 몸에 배기 전에 학생이 「배움」을 중심으로 한 의미 있는 생활에 중점을 두도록 지원하지 않으면 안 된다. 시기를 놓치지 않도록 조치할 필요가 있는 것이다.

그것에는 「배움」의 즐거움, 풍부함을 깨닫게 하는 것이 가장 빠른 지름길이다. 지적인 것으로 즐겁고 풍부한 경험을 할 수 있도록 실제로 느끼게 해 주는 것이다.

대학이 진심으로 부모와 같은 마음으로 실천하고자 한다면 현명한 부모여야만 한다.

고등학교 시절의 정해진 공부와 비교해, 대학에서 배우는 학문이 얼마나 흥미가 있는 것인가, 수동적이 아닌 공부가 얼마나 흥미진진한 것인가를 안다면, 그것이 동기유발이 되어 학생들이 그 후의 생활 방향을 정할 것이다.

그 방향의 결정은 입학 후 가능한 한 빨리 하는 편이 좋다. 그렇게 하기 위해서는 입학 직후부터 여러 가지를 생각하게 하고, 스스로 배우려고 하는 의욕과 자세가 생기도록 이끌어 줄 필요가 있다.

그래서 와세다 대학에서는 「테마칼리지」나 「장치」를 만들고 학생들이 빠른 시기에 배우는 자세를 함양할 수 있도록 본격적으로 시작하였다.

그것은 현재 아주 잘 진행 되어가고 있으며, 「테마칼리지」를 계기로 생겨난 「배움의 의욕」은 여러 가지 면에서 대학에 활기를 불어넣어 주고 있다. 이미 여러 번 언급했지만, 과거에는 5월의 황금연휴 때 캠퍼스내의 학생 모습이 줄어들었던 것이, 지금은 1년 내내 캠퍼스에는 학생으로 가득 차 있다.

그리고 테마칼리지뿐 아니라 많은 수업의 출석률이 높아지고, 강의실의 책상이 앞에서부터 메워져 테마칼리지뿐만 아니라 다른 수업에서도 열심히 질문을 하거나 끊임없이 토론이 이루어진다는 즐거운 현상이 여기저기에서 일어나고 있다. 허울 좋은 말을 하고 있는 것이 아니다. 「테마칼리지」가 기폭제가 되어 전 학교의 약 60~70%의 학생이 「배움의 의욕」에 불을 지필 수 있었다고 나는 실감하고 있다.

현재 교수의 리더에 반응하는 학생의 높은 학습의욕은 다시 교수에게 전달되고, 교수의 의욕을 높이는 기폭제로 교내 전체의 공기를 변화시키고 있다.

이러한 파급적인 변화는 학생의 능력을 향상시킬 뿐 아니라, 와세다 대학의 교육, 연구수준을 향상시키는 큰 원동력이 될 것이라고 확신하고 있다.

「테마칼리지」의 독창성

와세다 대학은 「교육연구의 개방화」를 표방하고, 교내 · 교외에 문을 활짝 열어 학문 환경을 의사소통의 원활하게 하는 계획을 계속 추진해 왔다. 그것에 관계되는 프로그램을 총괄하고 있는 것이 제1장에서 언급했던 「열린교육센터」이다.

담장을 없애고 다른 것과 개방하여 연결해 가는 것이, 이 같은 센터의 활동취지이다. 「테마 칼리지」도 「영어 개별지도」도 그 이념을 토대로 만들어진 프로그램이다.

「열린교육센터」가 제공하는 「테마칼리지」는 어떤 한 가지 테마에 관계된 연습과목(세미나)이 학제적으로 모인 과목군이며, 어느 정도 준비가 되어 있다. 1, 2학년을 대상으로 일반교양과목이면서 20명을 상한으로 하는 세미나 형식을 취하고 있는 것도 종래의 대학 시스템에서 보면 대단히 독창적이다. 물론 소속 학부에 상관없이 선택할 수 있다. 앞으로는 「테마칼리지」에서 배운 것을 부전공으로서 인정하고 졸업증서에 그 취득 여부를 기재하는 방침도 검토하고 있다.

이와 관련하여 「학제적」이라는 것은 복수의 학문분야에 폭 넓게 관련되어 있다는 의미이다. 여러 나라에 관련되어 있는 「국제적」이라는 말과 같은 뉘앙스의 단어이다.

「테마칼리지」라는 것이 과목군인 의미도 거기에 있다.

예를 들어 언어라는 문제를 하나 들어보아도, 국가나 지역의 문화의 다름은 본래 역사・정치・경제・예술 등 모든 시점에서 논할 수 있을 것이다. 그러한 발상으로부터 시점마다 세미나를 설치하고, 테마를 입체적・다면적으로 설정하려고 하는 시도가 「테마칼리지」인 것이다.

「테마칼리지」는 몇 명의 교수가 모여 커리큘럼 위원회에 「이러한 것을 하고 싶다」고 신청하고, 그것을 인정받게 되면 개설할 수 있는 시스템으로 되어 있다. 학부의 벽을 넘어 계획에 참여한 몇 명의 교수는 각각의 전문분야에 따라 적은 인원수제의 세미나를 담당하고, 하나의 테마에 따른 원만한 공동체를 만들고 있다.

교수에게는 의존하는 시간적인 부담은 늘어나지만, 세미나에서 받는 자극이나 감동은 교수에게서도 큰 보람이 되는 것 같다.

학생은 참가하고 싶은 세미나를 이수하지만, 인기 있는 세미나는 정원이 한정되어 있어 희망자 모두가 들어 갈 수 없는 것이 현 상황이다. 즐거운 비명이다.

내용은 <p.101>의 2006년도 테마칼리지 일람과 같이 매우 다채롭고 합숙이나 해외연구여행을 하는 세미나도 있다. 칼리지에 따라서는 세미나의 합동연습을 하거나 심포지엄을 개최하는 곳도 있다. 「테마칼리지」의 운영은 자주적이고 매우 탄력적이다.

폭 넓은 분야에 걸친 「학제적」인 테마칼리지를 실현시킬 수 있는 커다란 이유 중 하나는 와세다 대학이 많은 학부·학과, 그리고 다채로운 연구자가 종사하는 종합 대학이기 때문이다. 즉 테마칼리지는 오랫동안 걸쳐 축척해온 와세다의 지적 능력과 인재, 조직력을 최대한 활용하여 만들어진 것이다. 관점을 달리하면 와세다가 소위 「거대한 대학」이었기 때문에 테마칼리지를 활력적으로 창설할 수 있었다라고 말할 수 있다.

세미나에서의 승부는 지적 게임

말할 것도 없이 세미나 형식의 수업은 교수가 단상에서 강의하는 수업 형태는 아니다. 일방적으로 주고받는 공부의 중심이 아니고, 교수와 학생 그리고 학생들이 서로 의견을 주고 받는 형태로 학생이 주체적으로 참가하는 수업이다.

「테마칼리지」는 학생의 지적호기심을 자극시켜 배움의 즐거움을 아는 「장치」로서 만들어진 것이다. 그러한 이유로

테마를 탐구하는 과정에 특히 중점을 두고 있다. 보통 3, 4학년이 주체가 되는 세미나이지만, 갓 입학한 1, 2학년을 대상으로 선택하게 하는 이유도 여기에 있다.

학습의 서포트 체제는 충실하지만, 지도교수나 TA는 지도자임과 동시에 참가자이기도하다. 따라서 학생은 수동적이 아니라 주체적으로 참가하지 않으면 많은 것을 얻을 수 없다.

세미나에서는 통상 학생에게 의논의 재료가 될 만한 많은 과제가 주어진다. 자주적으로 참가하기 위해서는 학생은 주어진 교재를 읽고, 생각하고, 수업 준비를 해야 한다. 그렇지 않다면 세마나 학습으로서의 의미가 없기 때문이다.

세미나의 장소에서는 자신의 의견을 말하고, 상대의 의견도 듣고, 때로는 격렬하게 부딪치기도 한다. 상대가 감탄할 만한 의견을 말하는 것은 매우 어렵다. 손을 들어 의견을 말할 타이밍도 중요하다. 처음에 좀처럼 진행이 원활하지 않을지도 모른다. 멍하니 있으면 아무 발언도 하지 못한 사이에 수업이 끝나버릴 가능성도 있다.

그러한 상황에서 학생이 가지고 있는 재능을 자유롭게 발휘하게 하여 세미나에 적극적으로 임하게 한다.

세미나 학습장소는 정말 승부의 장이기도 하다. 교수는

물론 참가자 전원이 엄격한 평가자이다. 서로 의논하는 중에 승패를 의식하는 일도 많다. 승패는 반드시 정면에서 흑백을 논하는 장면만으로 의식되는 것은 아니다. 누군가의 의견을 듣고 「나 보다 좋은 생각을 말한다」, 「그러한 관점도 있구나」 등, 은근히 패배를 맛보는 일도 있다면 때로는 「너는 상당히 좋은 의견을 말하는 구나」라고 자신의 의견이 평가되어 승리의 쾌감을 맛보는 일도 있다. 이 승패의 감정도 다음 세미나에서 열심히 하기 위해 더욱 노력을 해야 한다는 것이다.

의논을 통해서 일어나는 크고 작은 지적인 승부는 성장의 젊은 시기에는 불가결한 것이다. 분명한 것은 이러한 승부에서는 승패를 떠나 그들이 지금부터 살아갈 인생에서 무언가의 지적 양식이 된다는 점이다.

그러한 것을 반복하면서 학생은 의논의 장에서 자신의 생각을 깊이 있는 영역까지 진화시키고 그것을 공개할 수 있게 된다. 테마에 관련된 주변지식을 배움으로서 자신의 생각의 폭을 넓히거나 달리 생각해 보는 기회도 필연적으로 늘어난다. 젊을 때는 다양한 사고를 통해서 생각이 넓어지고 깊어지게 된다.

본질적인 문제에 관해 다양한 접근을 시도한다는 것은 논쟁으로 얻어진 지식의 주장이 형성되어 학생들의 피와 살이 되어간다.

현대사회에서 지식이나 정보 또는 그럴 듯한 의견을 얻으려고 한다면 인터넷 등을 통해서 얼마든지 손에 넣을 수 있다. 단지 그런 곳에서 얻는 지식 하나만으로는 개성을 뒷받침해 줄 수 없고, 누구도 공감해 주지 않으며 어떤 설득력도 없다. 그리고 자신의 피와 살로 이어지지 않는 생각은 시간이 지나면 자신 안에서도 사라져갈 것이다.

스스로 곰곰이 생각하고 깊이 있는 주장이 아니면 사람을 감탄시키거나 납득시킬 수 없고, 더 나아가 사회에서도 통용되지 않는다. 더욱이 세계라는 큰 틀에서는 더더욱 통용될 리가 없다.

동료와 함께 배운다는 것은 일종의 정신적인 게임이고, 거기에서 지적인 즐거움을 얻을 수 있다. 그리고 그 즐거움이 지적 능력과 커뮤니케이션 능력을 높이고 사고를 활성화시키는 원동력이 된다. 그것이 지금 와세다에서는 끊임없이 지속적으로 일어나고 있는 것이다.

「지(知)」의 기초가 되는 「사람과의 만남」

교양교육에서는 실천적으로 모든 것을 생각하는 훈련이 중요하다. 얕은 지식이 아닌 진정한 의미에서 생각할 수 있는 인간이 되기 위해서는 단순히 책만 읽는 것이 아니라, 지적인 환경 속에서 지식의 실체를 실감하고 머릿속에 깊이 새겨야 한다.

그것에는 face-to-face —, 즉 얼굴과 얼굴을 마주 보는 인간적인 관계 구축이 필요하다. 대학에 다니는 의미도 거기에 있다.

그렇기 때문에 전원 참가형의 적은 인원수의 세미나가 하나의 「장치」가 되어, 적은 인원수로 구성되어야 하는 이유도 거기에 있다.

「테마칼리지」의 세미나는 어느 학부나 참가할 수 있기 때문에 그곳은 틀림없이 다양한 와세다 대학 학생의 도가니가 된다. 문과계의 학생도 있고, 이과계의 학생도 있다. 입학 때에 편차치가 높은 학부의 참가자도 있다면, 자신감에 넘친 학생 앞에서는 조금 주눅 들 수도 있는 다른 학부의 학생도 참가한다. 이러한 기회가 없었다면 같은 대학에 있어도 타 학부의 학생끼리 진지하게 의논하는 기회는 거의 없을 것이다. 자신이 소속된 학부에서 참가한 사람이 적다면 학부를 대표한다는 마음과 타 학과생에게 지고 싶지 않다는 생각으로 의욕에 넘친 학생도 있을 것이다.

동료와 함께 배우고 배움의 장소에서 친구의 훌륭함을 아는 기회가 있다는 것은 행복한 것이다. 「이 대학에는 대단한 학생이 있다」라고 실감하는 것은 같은 대학에서 배우는 사람으로서 큰 기쁨으로 이어진다. 내 주위에 있는 가까운 동료에게 매력을 느끼는 체험은 인생에 있어 자신의 토대가 된다.

「배움의 장소」에서 사람과 사람을 만나게 하는, 즉 학생이 개인이나 그룹으로 지적 한계를 느끼는 상황을 마련하는 것은 대학의 본질적인 역할이다.

그리고 이러한 기본체험이 거듭됨에 따라 교양이라는 것을 장식한 그 집단에 소속되어 있다는 프라이드와 자기 자신에 대한 프라이드가 동시에 형성되어 간다.

사람의 모임은 좋은 자극을 서로에게 주어 뜻밖에 발휘되고 유기적으로 성장해 간다. 계속된 노력은 바로 그러한 것이다.

본래 넓은 의미의 커뮤니케이션 능력은 다양한 사람들과 한 장소에서 같이 배우고 함께 생각하고 훈련해 가는 것이다. 언어를 통해서 상대의 생각을 이해하고, 자신의 생각을 표현하는 장소에서 지적인 활동이 재미있다고 느끼는 것과 동시에 커뮤니케이션 능력이 비약적으로 향상해 간다.

흥미로운 경험을 하면 지적인 호기심·행동력은 배가 된다. 그것을 보고 교수도 감격하고 자극을 받는다. 번거로움을 꺼리지 않고 세미나를 보다 좋은 방향으로 발전시키려는 의욕은 이러한 피드백에서 생겨나는 것이다.

한편 이러한 지적훈련은 동아리에서도 할 수 있지 않은가라는 의견도 있을지 모르겠다. 분명히 성과를 내고 있는 동아리도 많이 있기 때문에 지적훈련을 할 수 없다고는 말할 수 없다.

그렇지만 결정적으로 다른 것은 지적인 훈련을 받은 적절한 지도자가 계속적으로 지도하는지의 여부이다. 이러한 지적훈련은 적절한 지도자가 있는 편이 보다 큰 효과가 나타난다는 것은 말할 필요도 없다. 동료끼리 이러니저러니 해도 서로를 향상시키는 일에는 한계가 있기 때문이다.

나의 경험에서 보면 지적인 면이나 인생의 경험에서 커다란 배경을 가진 지도자를 통해서 처음으로 지적인 잠재능력을 끌어 올릴 수 있다는 것은 인정할 수밖에 없다. 그러한 장소가 학생에게 주어진다는 것만으로도 크게 성장하는 힘이 키워지는 것이다.

「테마칼리지」가 "기능하는 「장치」"로서 대단한 발명이라고 자부하는 것은 이러한 이유이다.

2006년도 테마 칼리지 일람

테마칼리지 명	테마칼리지 담당
☆ 예술〔창조와 감상〕	와다 오사무(和田修)・문학학술원 조교수
☆ 영국의 문화	시미즈 시게오(清水 重夫)・법학학술원 교수
☆ EU・유럽통합연구	후쿠다 코지(福田耕治)・정치경제학술원 교수
☆ 이슬람적・지식의 탐방	기타무라 토시하루(北村歳治)・대학원국제정보통신연구과 교수
☆ 영어「로」 배우다	폴 스노든(Paul Snowden)・국제교양학술원 교수
☆ 뛰어난 상상력	다치바나 히데히로(立花 英裕)・법학학술원 교수
☆ 호주 연구	미야자키 사토시(宮崎里司)・대학원일본어연구과 교수
☆ 〈가르치다-배우다〉의 현재와 과거	오카무라 료지(岡村遼司)・교육・종합과학학술원 교수
☆ 과학과 기술의 이집트 문명	곤도 지로(近藤二郎)・문학학술원 교수
☆ 변해가는 현대도시・지역	사토 시게루(佐藤滋)・이공학술원 교수
☆ 감성과 문화	사카이 노리유키(酒井紀幸) ・문학학술원 교수
☆ 국제언어문화 연구	이케다 마사유키(池田雅之)・사회과학종합학술원 교수
☆ 국제 커뮤니케이션	나카노 미치고(中野美知子)・교육・종합과학학술원 교수
☆ 언어의 과학	사기사카 요시노리(匂坂 芳典)・대학원국제정보통신연구과 교수
☆ 한국 연구	이성시・문학학술원 교수

☆ 젠다 연구	무라타 아키코(村田 晶子) ・문학학술원 교수
☆ 정보처리와 네트입문	카메야마 와타루(亀山渉)・대학원국제정보통신연구과 교수
☆ 신체・환경・영상	안도 코헤이(安藤紘平)・대학원국제정보통신연구과 교수
☆ 지중해	마루노 미노루(丸野稔)・문학학술원 교수
☆ 중국연구	코구치 히코타(小口 彦太)・법무연구과 교수
☆ 나라미술 연구	오하시 카츠아키(大橋 一章)・문학학술원 교수
☆ 일본과 발리섬 – 사회구조와 전통문화의 비교연구–	에비사와 타다시(海老澤衷)・문학학술원 교수
☆ 자연	엔조 지마모루(円城寺守)・교육・종합과학학술원 교수
☆ 동아시아의 법과 외교	가미야 노부유키(紙屋敦之)・문학학술원 교수
☆ 휴머노이드	하시모토 슈지(橋本周司)・이공학술원 교수
☆ 평화연구학	니시카와 준(西川潤)・대학원아시아태평양연구과 교수
☆ 유네스코	나카가와 타케시(中川武)・이공학술원 교수
☆ Wonderland Germany	무로이 요시유키(室井禎之)・법치경제학술원 교수
☆ Adbanced Course Contermporary Asian Studies〔현대 아시아학〕 ※ 대학원생만 대상	모리 카즈코(毛里和子)・법치경제학술원 교수

국제 언어를 익히는 「영어 개별지도」

와세다 대학생에 결여되어 있는 「사용할 수 있는 영어능력」

교양교육이 학부교육의 기본을 만든다고 생각했을 때 오늘날 피할 수 없는 것이 국제화 문제이다. 과거와 달리 지금은 국제적이라는 단어가 아주 생생하게 느껴지는 시대이다. 세계의 거리감은 확실히 좁혀지고 있다. 실제 와세다의 졸업생이 활약하는 장소도 실제로 글로벌화 되고 있다.

와세다 대학에서는 비교적 예전부터 국제교류를 진행해 왔으며 많은 아시아 지역이나 미국 등에서 유학생을 받아들이고 있다. 한편으로 와세다에서도 상당히 많은 유학생을 해외로 보내고 있다. 이러한 상황 하에서 불가결한 것은 국제인으로서 갖추어야 하는 외국어 실력이다. 게다가 경력교육의 일환으로서 생각했을 때 필요한 것은 기능으로서의 「실전에서 사용할 수 있는 영어」의 힘이다.

원래 와세다 대학의 졸업생에게 영어를 능숙하게 할 수

있다는 이미지는 일반적이지 않았다. 어려운 영어의 전문서는 읽을 수 있어도 회화에 관해서는 극히 간단한 것조차 할 수 없다는 것이 종래의 와세다 학생들의 모습이다. 이 이미지는 거의 맞아 들어갔다.

대학 캠퍼스내에서 외국인 학생들과 교류

그러나 적어도 글로벌 인재로 성장하려 한다면 영어를 읽고 쓸 줄 알고, 쓰인 것을 이해하는 것뿐만 아니라 이야기할 수 있어야 한다. 오늘날 사회의 여러 일선에서 일하고 있다면 우선 영어를 능숙하게 할 수 있어야 한다.

영어를 배웠다면 읽기 · 쓰기는 물론 회화를 하고 싶다는 생각은 당연하다. 학교를 떠나 사회로 나간 졸업생도 내심으로는 영어로 이야기 하고 싶다고 생각했을 것임에 틀림없다. 아무리 우수하다고 치켜세워도 외국인과 간단한 회화도 할 수 없는 현실은 학생 마음에 지워버릴 수 없는 콤플렉스가 되었을 것이다.

영어회화의 습득에는 "훈련"이 필요하다.

그래서 와세다 대학에서는 국제수준의 대학에서 지향하고 있는 것과 같은 테마를 정하여 진행하고 교양교육의 일환으로서 어학 교육에 파격적인 조치를 취했다. 어떻게 해서든 어학교육을 변화시켜 학생에게 실제로 사용할 수 있는 영어 능력을 키우고 싶다고 생각했기 때문이다.

와세다의 학생에게 실천적 영어실력이 없었던 이유는 분명하다. 어학의 기능을 습득하는 것은 철저한 훈련이 필요함에도 불구하고 영어로 말할 수 있도록 하는 훈련이 없었기 때문이다.

과거에도 학부의 필수과목에는 영어 수업이 있었다. 하지만 40명 정원의 강의실에서 교과서를 읽고 번역하고, 가끔 회화 테이프를 듣는 방식의 수업으로는 영어로 말할 수가 없다. 사실 지금까지의 영어 수업에는 말을 할 수 있도록 하는 학습목표 자체가 설정되어 있지 않았다고 할 수 있다.

이것은 단지 교수의 역량이 부족했기 때문만은 아니다. 교육 시스템을 도입한 목표 설정 그 자체에 문제가 있었던 것이다. 학생의 회화 능력이 향상되지 못했던 것도 어쩔 수 없는 상황이었다고 할 수 있다.

예를 들면 농구를 잘 하고 싶으면 드리블이나 슛의 기능을 철저히 반복하고 연습해야한다. 또한 포지션이나 디펜스 등의 연습도 빠져서는 안 된다. 개인적인 훈련과 팀에서의 훈련 그리고 상대방과의 훈련 등 반드시 해야만 하는 것이 많이 있다. 이러한 모든 것을 종합적으로 훈련했을 때 비로소 숙달할 수 있는 것이다.

그러나 일본의 어학교육의 장에서는 영어 학습을 시작하는 중학생 때부터 이러한 훈련을 진행하는 시스템은 없다. 그것을 대폭 수정하지 않는 한 많은 일본인이 가지고 있는 영어 콤플렉스는 없어지지 않을 것이다.

「영어로 이야기 하고 싶다」를 응원

학생들이 진심으로 영어를 습득하고 싶어 한다면, 대학은 비용적인 면을 포함해서 다소의 어려움을 극복하더라도 후원해야 한다고 대학경영진은 생각한다.

그래서 와세다 대학에서는 영어 교육을 근본부터 다시 점검하고 기능으로서의 영어를 철저히 훈련하는 「장치」를 만들게 되었다. 그것이 열린 교육 센터가 제공하는 모든 학교가 공통으로 시행하는 「영어 개별지도」이다.

「영어 개별지도」에서는 국제교양인으로서의 실천적인 영어를 훈련한다. 그러나 입학 당시 영어를 전혀 할줄 모른다 하더라도 걱정할 필요가 없다. 지금까지 영어 공부는 어느 정도 해 왔다. 완전히 백지인 것은 아니기 때문에 훈련을 한다면 단기간에 놀랄만한 성과를 얻을 수 있다. 실천적인 레슨을 통해 무의미한 것 같이 생각해온 고등학교까지의 영어가 활성화되는 것이다. 이것은 이미 입증된 일이다.

와세다에는 현재 그러한 교육에 필요한 노하우가 축적되어 있다.

1997년도에 약 80명의 모니터 학생에 대해 실험적으로 시작한 「영어 개별지도」는 현재 연간 수강자가 1만 2000명에 달하고 있다. 그 정도의 수강자가 있다는 사실은 학생 스스로 성과를 실감하고 있다는 증거라고 생각된다. 학생들의 「사용할 수 있는 영어」에 대한 요구가 「영어 개별지도」를 여기까지 오게 한 것이다.

가까운 장래에 와세다 대학의 졸업생은 매우 자연스럽게 영어를 사용하는 사람으로 인식될 것이다. 「와세다 졸업생이라면 영어를 할 수 있는 것은 당연하다」와 같은 평판이 정착하는 날도 그리 멀지 않다고 확신한다.

영어 회화능력을 단련하는 4인 수업

「영어 개별지도」는 회화력 향상을 제 1의 목표로 내걸고 만든 것으로, 대학으로서는 상당히 과감한 시스템을 도입한 강좌이다.

개인 지도교수라고 불리는 강사 1명에 학생 수는 오직 4명 뿐이다. 이것이 「영어 개별지도」의 학급 단위이다. 어학교육에서 분명한 것은 영어 회화 기능의 습득은 40명 학급에서는 불가능하기 때문이다. 4명 단위의 레슨으로 하는 것이 학생의 회화력을 비약적으로 높이는 요인의 하나라고 볼 수 있다.

「영어 개별지도」를 이수하는 경우 학생은 본인의 희망과 사전에 받은 영어 능력 진단 테스트 결과에 따라 초급 · 준 중급 · 중급 · 준 상급 · 상급 중에 자기의 실력에 맞는 반으로 나누어진다. 실력이 비슷한 사람끼리 배우는 편이 높은 학습효과를 얻을 수 있기 때문이다.

수업은 작은 전용 부스를 사용해서 그룹 레슨을 반복하는 것으로 진행된다. 강사 한명에 학생은 4명밖에 되지 않기 때문에 레슨 중 모두가 이야기를 해야 하는 상황에 놓이게 된다. 레슨은 당연히 영어로만 진행된다. 일부 제스처는 인정되지만 일본어는 일절 사용할 수 없다. 수준이 같은 사람들로 구성되기 때문에 분위기에 익숙해지면 누구도 머뭇거리지 않고 영어로 이야기하게 된다.

각 학급의 레슨은 1회에 90분으로 주 2회씩 열 번에 걸쳐 수강하는 것이 기본 구성이다. 일반 수업은 주 1회가 기본이지만 영어 회화의 레슨은 많은 간격을 두지 않는 편이 좋기 때문이다. 춘계・하계학급에서는 2주간의 단기집중 레슨이 진행된다.

빈도와 밀도가 높은 레슨이기 때문에 학생은 필사적으로 예습한다. 다음 레슨에서 무엇을 이야기할 것인가, 그것을 영어로 어떻게 표현하는가, 예습해야 할 것은 산더미처럼 많다. 이것 역시 와세다 학생이 밤에도 잠을 자지 않고 공부를 해야만 하는 하나의 이유이다.

결국 어느 정도 영어를 이해할 수 있고, 영어를 말할 수 있는가 — 4인 학급 「영어 개별지도」는 그 목표에 충분히 부응하고 있다고 할 수 있다. 덧붙여서 현재 한 학점을 수강하기 위해 필요한 수강료는 한 사람당 4만엔이다. 충실한 수업내용이나 강사의 질을 생각하면 상당히 싸다고 할 수 있을 것이다.

균일하고 질이 높은 수업

매년 수강자 수가 1만 2천명이라는 것은 전 학교의 약 4분의 1에 해당하는 수이다. 그 때문에 전용 부스의 확보나 강사의 급여지불에도 많은 어려움이 있다. 과거부터 일반교양의 어학 교수는 많이 있지만, 그들은 기본적으로는 연구자이기 때문에 1대 1에 가까운 회화 수업에 전념하는 것은 무리이다. 그래서「영어 개별지도」를 담당하는 전임 강사를 외부에서 많이 채용하게 되었다.

강사들은 학생의 회화실력 향상을 철저히 지원하는 트레이너다. 강사의 채용시험에서는 네이티브 혹은 해외경험이 풍부하고 영어실력이 네이티브에 못지않은 일본인 중에서 적임자를 선택했다.

사고방식도 개개인의 강사에 일임되지 않고 독자적이고 학구적인 이념을 토대로 행해진다.

그리고 롤플레잉이나 게임을 풍부하게 도입한 독자적 교과서에 따라 자연스럽게 회화실력이 향상되게 되었다.

또한 수업의 질을 확보하기 위해 대학 측은 수업을 관찰하고 기록하여 강사에 대해 적당한 조언을 하고 있다. 그 결과 지도의 질이 강사마다 다르지 않고 훈련한 대로 충실한 프로그램으로 자리 잡게 되었다.

실제로 이 프로그램을 통해 한 학점의 레슨(27~30시간)에서 TOEFL 점수를 평균 60점이나 올릴 수 있을 정도로 실력을 갖출 수 있게 되었다. 와세다는 매년 약 1000명 가까운 유학생을 해외로 보내고 있는데, 해외에서 뒤떨어지지 않고 수업에 따라가기 위해서는 TOEFL 점수가 600점은 필요하다. 오늘날 「영어 개별지도」를 수강한 학생들 중에서는 그러한 결과를 내는 학생이 많이 나오고 있다.

「영어 개별지도」가 높은 성과를 올리고 있는 뒷면에는 학생에게 철저한 보충지도가 행해지고 있다. 영어 향상의 방법에는 개인차가 있기 때문에 수강자는 레슨을 할 때마다 각자의 실력에 맞춘 성취도 테스트를 받게 되어 있다. 그것을 참고로 강사로부터 과제나 세세한 조언을 얻게 된다. 이러한 보충은 모두 전용 웹사이트를 통해서 신속하고 원활하게 진행된다.

중요한 것은 「무엇을 할 수 있는가? 아직까지 무엇을 못하는가?」를 학생이 언제라도 자각할 수 있게 하는 것이다. 그것에 의해 동기 유발이 높아지고 학습 성과가 최대한 발휘되는 것이다.

「글로벌·활용 능력」을 기르자 !

와세다의 영어교육이 특별한 것은 단순히 말을 할 수 있다는 것에 그치지 않는다는 것이다. 거기에서 끝나버리면 일반 학교와 큰 차이가 없다. 최종적으로 목표하는 것은 「말할 수 있다」는 수준을 뛰어 넘어 자신의 주장을 영어로 바르게 표현하고 상대에게 전하고 나아가 영어로 토론하는 수준까지 높이는 것이다. 나는 학생들이 영어 커뮤니케이션 능력을 연마하고, 진정한 국제인으로서 활약하기 위해 필요한 영어 능력을 갖추기를 바란다.

오늘날의 영어는 세계의 공통어라 해도 좋다. 인터넷상의 정보 대부분이 영어로 되어 있는 상황이 그것을 뒷받침하고 있다. 이미 영어는 네이티브 · 화자들의 전유물은 아니다. 영어습득은 네이티브를 모방하고, 영미어를 배우는 시대에서 세계에 통용하는 국제어를 습득한다는 입장으로 변화하고 있다. 나는 학생들이 상대로부터 경의감을 갖게 하기 위한, 또한 많은 사람에게 이해받기 위한 커뮤니케이션 도구로서의 영어를 배우기 바란다.

이것이 바로 와세다가 내걸고 있는「글로벌・활용 능력(국제 대화 능력)」교육이다. 그리고 그것을 현실화하기 위한 교육법이「와세다 메서드」라고 하는 와세다 독자의 종합적 영어 훈련이다.

여기에서 설명한「영어 개별지도」는 3단계인「와세다 메서드」의 제1단계에 위치한 것이다. 제 2단계는 텔레비전 회의 시스템을 이용한 타문화 이해 프로그램「CCDL(Cross Cultural Distance Learning)」이다. 제 3단계는 해외의 대학과 공동 수업・연구를 위한「사이버 세미나・사이버 강의」라는 영어로 전문 분야를 배우는 프로그램이다.

이러한 단계를 순차적으로 따라가고 세계에서 통용하는 글로벌・활용 능력을 습득해 가는 것이 와세다 대학의 기본 구상이다. 그 결과 매년 해외 대학의 단기간 유학을 통해서 효과를 올린 학생 수가 증가하고 있고, 2006년에는 1000명 이상의 학생이 해외에 머물고 있다.

컴퓨터 사회와 공존하기 위한 「컴퓨터 교육」

미디어네트워크센터의 설립

교양교육으로서의 기능을 생각했을 때 영어 회화와 함께 중요한 기능인 컴퓨터를 자유자재로 사용할 수 있는 능력이다. 대학에서는 컴퓨터를 자유로이 다루는 학생이 늘어나고 있는 한편, 기구조작에 불안을 느끼는 학생도 적지 않은 것이 현 상황이기도 하다. 그러나 앞에서 언급한 「영어 개별지도」를 통해 알 수 있듯이 정보사회의 선구적인 실천의 장소인 대학에서는 컴퓨터를 사용하지 못하면 수업을 진행할 수 없는 경우도 있다. 컴퓨터를 사용할 수 없는 학생은 하루라도 빨리 낡은 의식을 불식시킬 필요가 있다.

와세다에서는 이러한 시대가 올 것이라는 것을 예측하여 1996년에 메디아 네트워크 센터(이하 MNC)를 신설하고 IT환경정비에 본격적으로 착수하였다. 그리고 MNC의 중요한 사명의 하나로서 모든 학부 공통과목인 「정보기초연습」(2006년도는 전후기 포함한 64학급)을 개설하고 현재에 이르기까지 컴퓨터 교육에 적극적으로 착수해 왔다.

더욱 이 컴퓨터를 훈련이라는 시점에서 보면 가능한 한 빠른 시기에 학습하는 것이 바람직하기 때문에 이 과목의 등록우선권은 학부 1학년에게 돌아갔다. 단지 「정보기초연습」의 취급은 학부에 따라 약간 다르고 필수인 학부도 있다면 분교캠퍼스가 지리적으로 멀다는 이유 때문에 자체 학부에 컴퓨터교육의 연습과목을 맡기는 학부도 있다.

현재 교내에는 네트워크에 접속된 컴퓨터가 약 2만 1000대가 있고, 휴대용 PC의 경우는 약 1만 8000대로 대응이 가능할 때까지 인프라를 정비할 계획이다.

컴퓨터를 자유로이 사용하고 배운 것을 실천하면서 충분히 익힐 수 있다. 이러한 환경이 갖추어진 와세다 학생의

MNC의 설치과목 (2006년도)

· 정보기초연습 · 멀티미디어 입문 · 컴퓨터에 의한 통계입문 · 컴퓨터에 의한 통계해석 · 컴퓨터에 의한 금융공학입문 Ⅰ · 컴퓨터에 의한 금융공학입문 Ⅱ · 프로그래밍 초보 · 프로그래밍 중급 · 서버 사이드 웹 프로그래밍 입문 · UNIX 입문	· UNIX 서버 관리 · client side 웹 프로그래밍 입문 · 데이터베이스 Ⅰ · 데이터베이스 Ⅱ · 대규모 데이터 해석입문 · 네트워크 기술 Ⅰ · 네트워크 기술 Ⅱ · 네트워크 기술 Ⅲ · 네트워크 기술 Ⅳ · 네트워크 비밀 Ⅰ · 정보화사회개념

컴퓨터 활용 능력(컴퓨터를 자유자재로 사용하는 능력)은 그야말로 비약적으로 향상되었다.

기초에서 실무까지의 IT교육

현재 MNC에서는 IT교육의 「기초」, 「응용」, 「실무」교육의 실천과 커리큘럼의 다양화의 계획을 진행하고 있다.

1990년대는 인터넷 정보 활용 능력 교육의 확충기이고 정보 윤리 교육 등을 포함한 정보 활용 능력 세미나를 개최해 왔다. 1만 명의 신입생에게 세미나의 청강을 의무화하고 최근 몇 년 동안은 안전교육을 더한 정보 활용능력 세미나로서, 온 디맨드(공급자 중심이 아닌 수요자가 모든 것을 결정하는 형식)의 수업 시스템을 활용하면서 실시하고 있다.

그리고 2000년대부터는 「기초」, 「응용」, 「실무」교육을 각각 실시해 왔다. 구체적으로 「기초교육」에서는 중점을 컴퓨터나 네트워크를 이용하기 위한 정보 활용 능력교육에서 컴퓨터나 네트워크를 도구로 문헌 관리 · 논문 작성 등에 이용하는 학구적 활용능력 교육으로 전환하고, 「응용 교육」에서는 멀티미디어 입문 · 통계학 · 초급 프로그래밍 등의 신규 과목의 개설에 힘을 쏟아왔다.

「실무교육」에 대해서도 네트워크 기술·중급 프로그래밍·멀티미디어 응용 등의 커리큘럼 개혁을 비롯하여 기업기부강좌의 도입, NPO실무능력인정기구(ACPA)설립을 위한 자격인정과목 신청, 온 디맨드 수업유통 포럼(FOLC)에 의한 기업세미나 도입 등 적극적인 전개를 도모해 왔다.

「기초교육」에 대해서는 학구적 활용 능력을 위한 교육용 교과서를 와세다 대학에서 작성하고 그것을 토대로 한 기초교육을 1학년 중심으로 철저히 실시할 예정이다. 또한 「실무교육」은 시간강사가 아닌 실무교육을 담임할 수 있는 전임교수의 유연한 채용이 앞으로는 필요할 것이다.

이러한 것을 진행함에 따라 만족도가 높은 기초에서 실무에 이르기까지 IT교육을 학생들에게 제공할 수 있으리라 생각하고 있다.

메디아 넷트 센터

제 4 장

「살아남는 힘」을 배우는 학부교육

(「生き抜く力」をつける学部教育)

영문 채팅으로 쓰기 능력을 연마하다

이미 소개한 것과 같이 「와세다 메서드」는 행동하는 국제파 지식인들에게 필요한 커뮤니케이션 능력의 기초를 만드는 집중 코스라 할 수 있다. 그 중에서 제 2단계에 해당하는 것이 CCDL이라는 다기능형 교육 프로그램이다.

CCDL은 와세다 대학과 해외 대학을 인터넷으로 연결하고, 그룹을 구성한 쌍방의 학생이 화상회의 시스템으로 서로의 얼굴을 보면서 자유롭게 발언하는 프로그램이다. 그리고 문자채팅이라는 의사소통을 통하여 쓰기 능력이나 문장구성력을 향상시켜준다. 또한 음성채팅과 달리 문자채팅은 기록된다는 점에서 쉽게 성과를 확인할 수 있다.

영어 중심이지만 중국어나 독일어의 프로그램도 있다.

생활습관부터 역사, 정치문제 등 다양한 내용으로, 때로는 강경하고 때로는 유연하게 진행하는데, 한국 학생들과 야스쿠니문제가 화제가 되어 격렬한 말싸움이 일어난 적도 있었다.

이 프로그램도 「영어 개별지도」와 함께 학생 사이에서 매우 인기가 높다. 실시간 네트워크에서의 커뮤니케이션은 스릴만점이며 지적인 즐거움이 있다. 때로는 뜻밖의 지식을 얻기도 한다.

CCDL은 1999년에 한국의 고려대학교와 함께 진행한 테스트 수업을 시작으로, 현재는 21개국 61개교에 이르는 빅 프로젝트로 교류의 폭을 넓혔고, 교내에서는 일상적으로 진행되고 있다. 학점으로도 인정되어 학생들도 열심히 참여할 뿐 아니라 매우 의욕적이다.

타 문화를 이해하는 성인이 되어라!

CCDL의 목표는 주로 컴퓨터와 영어능력이라는 기능을 사용해서 「타 문화와의 접점」을 생생하게 접하는 것, 즉 글로벌 활용능력(국제대화능력)을 기르고, 스스로 생각하고, 배우고자 하는 의욕을 높이는 것이다.

인터넷이 전 세계를 동일하게 연결한 현대의 지구는 점점 좁아지고 있는 반면 다민족·다문화가 공존하는 다양한 얼굴을 가지게 되었다. 민족분쟁이나 환경문제, 인구문제 등 지구의 여러 곳에서 나타나 있는 문제는 무수하다. 그리고 정보전달 속도에 의해 지구가 좁아지고 가까워졌으나 그만큼 지구상의 각 민족이나 국가 간의 거리는 가까워지지 않고 있다. 이러한 복잡한 지구사회 속에서 리더로 역할을 하려면 실질적인 공통언어인 영어로 상대와 정확히 커뮤니케이션을 할 수 있어야 하며, 또한 그 만큼의 지식과 교양을 갖추지 않으면 안 된다.

일본인은 흔히 「내가 말하고 싶은 것과, 정확한 것은 이미 다 말했다」라고 생각이 들면 그 이상 상대를 설득하려는 노력을 하지 않는 경향이 있다. 그리고 외국어 통용능력에 문제가 있어서 상대를 설득하지 못할 경우 상대를 설득하기 위해서라면 인내심을 가지고 계속 설득하려고 하는 열성적인 민족성을 그다지 많이 가지고 있지 않다.

시시한 의논을 하는 것이 좋다는 의미는 아니다. 시시한 의논으로 손해 보는 일은 간혹 있지만, 설령 그렇다 하더라도 글로벌시대의 일본인은 의논이 서툴다라는 인식은 이제라도 하루 빨리 극복할 필요가 있다. 이야기의 내용은 제쳐두고 「적극적으로 발언하지 않는 사람이나 대화의 초점을 알지 못하는 사람은 무능하다」라고 인식된 민족성을 가진 나라도 있다. 유럽이나 미국·중국 등 외교에 뛰어난 나라들은 대체적으로 그러한 문화를 가지고 있다.

대부분의 인간관계는 때로는 시시하더라도 좋은 관계를 유지하지 않으면 안될 부분이 있다. 그것은 국제적인 인간관계에서도 그렇지 않을까.

「일본 학생은 공부하지 않는다」는 거짓말

와세다 대학에서는 현재 2000명이 넘는 외국인 유학생이 공부하고 있다. 그 수는 국내 사립대학으로서는 최대이지만 5만 명에 다다르는 와세다의 규모에서 보면 「세계의 축도」라고 하기에는 여전히 부족하다. 따라서 일상에서 일반학생이 유학생과 접할 기회는 그리 많지 않다. 외국학생과 커뮤니케이션을 하고 싶은 학생에게 CCDL은 해외 학생과 영어를 사용해서 직접 의논하고 상호 이해를 깊게 하는 귀중한 기회가 된다.

이 CCDL의 수법을 좀 더 진행한 제 3단계가 「사이버 세미나・사이버 강의」이다. 「사이버 세미나」는 와세다생을 포함한 여러 나라 학생들이 텔레비전 회의 시스템을 이용해서 발표나 토론을 하는 소인수제 세미나이다. 「사이버 강의」는 텔레비전 회의 시스템을 사용한 해외의 대학교수에 의한 강의이다. 강의 영상이나 교재를 구입한 콘텐츠에 인터넷을 이용하여 수강생이 액세스하는 온 디맨드식 강좌도 있다. 모든 사용언어는 영어이다.

일련의 「와세다 메서드」는 기능의 양성을 목표로 하고 있지만 결국은 학생에게 「스스로 무엇을 하고 싶은가」 「자신에게 있어서 학생으로서의 사명은 무엇인가」「와세다 대학의 건학 정신이기도 한 인류사회에 공헌한다는 것은 어떠한 의미인가」 등 — 을 생각하게 하는 데 큰 의미의 가지고 있다. 그 때문에 동기 유발 프로그램이라고 하기도 한다.

「중국의 학생은 맹렬히 공부하고 있는데 반해 일본의 학생은……」 등, 일본 대학생의 낮은 공부 의욕을 탄식하는 소리를 자주 듣지만 그 지적은 반드시 그렇다고 생각지 않는다. 실제로 기숙사에서 지내고 있는 중국인 유학생 중에는 밤에도 자지 않고 공부하는 사람이 적지 않다. 대학 측이 그들의 건강을 배려하여 심야에는 방의 전기를 끄는 "냉각(cooling)대책"이 필요할 정도이다. 그들을 실제로 만나 보면 영화도 즐기고 꽤 요령있게 생활하는 모습도 보이지만 대부분이 맹렬히 공부하고 있다. 경쟁이 심한 나라이기 때문에 우수한 학생 간의 경쟁의식도 높다.

그러나 지금까지 몇 번이나 언급했듯이 와세다의 학생도 일단 「재미있다」라고 생각하면 밤잠을 자는 것도 아까워하며 공부한다. 옆에서 보면 이상할 정도로 열심히 하고 있으며 게다가 공부를 즐기고 있다고 말하기 때문에 더더욱 이해하기 어렵다.

만약 일본과 중국 학생 간의 의욕의 차이가 있다면 그것은 확실히 동기유발이 있느냐 없느냐에 의한 것일 것이다.

물질적인 풍요 속에서 의젓하게 자라온 일본인 학생들에게는 지적 호기심의 발화 장치가 필요하다. 그것이 원활히 작동한다면 나중에 학생 스스로가 맹렬히 타오를 것이다. 그렇기 때문에 스스로가 무언가를 발견하지 않으면 안 된다. 스스로 발견하는 자주성이라는 점에서는 와세다의 교육은 과거나 현재에도 기본적으로 변함이 없다. 과거와 다른 점은 지금의 와세다에는 학생이 스스로를 연마하고, 생각하고, 찾아내고, 도전하기 위한 장치가 여러 가지 마련되어 있다는 것이다.

따라서 현대 교양을 갖추는 과정 속에서 해외 학생들과의 교류라는 계발기회를 많이 활용하기를 바란다. 그리고 글로벌 활용능력에 능숙한 많은 학생들이 국제사회의 여러 장소에서 격렬하게 논쟁하는 인재로 육성되기를 기대한다.

아시아의 공생을 짊어질 인재로

국가권력이나 체제에서 자유로운 「배움의 독립」이 와세다 대학의 건학정신이며, 그것이야 말로 사학으로서 와세다의 긍지이기도 하다. CCDL이나 사이버 세미나 · 사이버 강의 등을 통해서 국가의 자아를 넘어 대학 간 네트워크를 구축하는 것은 와세다에 어울리는 계획이라고 생각한다.

국가 간에 험악한 상황을 안고 있다거나 혹은 조국을 뛰어넘는 글로벌한 사회 문제에 대해서도 서로 신뢰하는 학생 사이에서는 조국을 초월한 대화를 나눌 수 있다고 생각한다. 그것은 지극히 작은 문제이며, 아마 유창한 회화에 의해서 이루어지지는 않을 것이다. 그러나 같은 세미나에 모인 사람들이 원만한 감수성을 가진 젊은 시기에 본심을 털어놓고 서로 의견을 교환한다는 것은 큰 의미가 있다.

상대에게 자신의 생각을 분명히 전달하는 것은 동시에 자기 자신과의 커뮤니케이션이기도 하다. 서툴더라도 진지하게 싸우면서 공감대를 형성하며 회화를 한다는 것은, 자신의 생각이나 감성을 확실히 표현하는 것이 얼마나 어려운지를 알고, 상대의 말에 내재되어 있는 감정을 수용하면서 자신의 내면도 볼 수 있는 인간관계가 만들어지는 것을 의미한다. 일방적인 논리를 내세워 무턱대고 돌진하여 어이없이 함락되기 전에 — 그런 무리들은 어제도 오늘도 많았지만 — 잠시 멈추어서 생각하는 판단력이나 사고력이 중요하다는 것도 저절로 배우게 될 것이다.

그러한 경험이나 사고를 자기 안에서 키우는 학생은 그렇지 않는 학생과는 다른 시각으로 서로의 나라를 보고 행동할 것이다. 그 곳에서 아시아권을 중심으로 한 네트워크, 특히 리더 층의 네트워크가 구축되기를 바라고 있다. 오랜 교류의 역사가 있고 문화적으로도 인접한 나라인 한국이나 중국과 일본이 오늘에 이르기까지 상호 이해를 하려고 하지 않았던 사실은 매우 안타깝고 유감스러운 일이 아닐 수 없다.

정치나 경제에서도 국경을 넘는 것과 같은 어려운 과제가 적지 않지만, 서로의 얼굴을 보고 있으면 해결이나 타개로 연결되는 지혜가 쉽게 나올 수 있다. 원래 창조성이나 독창성이라는 기원은 다른 사람과의 커뮤니케이션이 깊게 관계하고 있기 때문이다.

오늘날에는 여러 나라의 사람이 참가하는 지적이고 이성적인 네트워크의 구축이 점점 더 중요성을 갖게 되었다. 이러한 시대이기에 21세기의 와세다 대학은 특히 아시아 태평양의 나라들을 중시하고 그 지역과 마주 설 필요가 있다고 생각하고 있다. 와세다 대학은 이런 이유로 사회에 공헌할 수 있는 인재를 육성하고자 하는 기본적인 생각을 가지고 있다.

굴지의 문화교류협정은 75개국·500개 대학

1882년 건학 이후 「동서 문화의 조화」를 이상으로 내건 와세다는 국제화에 힘을 쏟아왔다. 「동서고금의 문화가 하나로 소용돌이치는 큰 섬나라의……」라는 와세다 대학 교가는 건학의 아버지인 오쿠마 시게노부(大隈重信)의 이상이 표현되어 있다. 또 건학의 어머니라 할 수 있는 오노 아즈사(小野梓)는 「동양 오노 아즈사」라고 호를 붙이고 일본인을 넘어 아시아인으로서 자신을 평가하는 높은 시선에 있는 인물이었다.

와세다는 처음부터 일본인만을 대상으로 한 인재육성을 목표로 하였던 대학은 아니었다. 1899(명치32)년에 중국(청나라) 유학생의 입학을 시작으로 1905년에는 「청나라 유학생부」를 발족시켜 불과 3년 간 2천 수백 명의 청나라 유학생을 받아들였다. 한국이나 대만 출신자도 적지 않았다.

2차 대전 이전의 와세다는 초지일관으로 아시아에서 많은 유학생을 계속 모집하여, 재학생의 4분의 1을 아시아에서 온 유학생이 차지하였던 시기도 있었다. 와세다가 인재육성으로 중국이나 동아시아 제국의 근대화에 달성하였던 역할은 크다.

그 전통이 한 때 중단되었던 적이 있다. 그러나 약 10년간 아시아 지향의 전통으로 되돌아가려는 노력을 계속하여 그 전통을 상당히 만회해 왔다. 지금 와세다는 75개국 500교(2006년 8월1일 현재)와 학생교류협정을 맺고, 대학 간 협정에 의해 교환유학을 비롯한 다양한 유학 프로그램을 전개하고 있고, 그 충실도는 국내 타 대학의 추종을 불허하였다고 자부한다.

특히 중국과의 네트워크는 건실하게 확대・심화되었고, 예술계의 교류도 활발히 진행되고 있다. 그러한 움직임은 미국의 시카고 대학을 비롯하여 해외의 유명학교도 주목하며 「와세다의 학생은 활기차다. 우리 학교도 와세다의 유학생을 받아들이자」라는 신청이 많다. 당초의 의도를 넘어 "즐거운 오해"가 생기고 있다.

다채로운 프로그램으로 해외유학생 급증

뒤에서 언급하게 될 국제교양학부는 물론 그 외의 학부에서도 많은 학생이 해외유학을 체험하고 있다. 장기・단기유학을 포함하면 그 수는 1000명 이상이다. 우리 대학과의 협정에 의한 유학은 640명(2005년)으로 2002년에 254명에서 불과 3년 만에 2.5배 이상의 수를 늘렸다.

예전에 TOEFL 500점에 달하는 학생도 그다지 없었던 상황과 달리 이제는 650점에 달하는 학생도 상당수 있으며, 이는 학생이 유학 가능한 조건을 준비해 왔기 때문이다.

반면 와세다가 받아들이고 있는 외국인 유학생의 수는 약 2000명이다. 수적으로는 국내 최상이고 동경대를 능가한다. 인원수의 증가 뿐만 아니라 유학생의 질도 높아지고 있다. 북경대학이나 청화대학 등 중국·아시아의 최상급대학에서 온 유학생은 특히 우수하다. 그 중에는 TOEFL에서 만점을 획득할 만한 학생이 와서 감탄한 적도 가끔 있다.

유학으로 와세다 대학의 학생이 해외로 나가더라도 협정학교와의 합의하에 4년만에 졸업이 가능하도록 「학점 호환제도」를 설정한 것도 유학생 증가에 기폭제가 되었다.

또한 유학할 대학에서 일정한 요건을 충족한다면 와세다 뿐만 아니라 유학할 대학의 학위도 받을 수 있는 「복수 학위」 제도도 마련하였다. 현재 학부생 대상의 복수 학위 프로그램은 북경대학(중국)과 복단대학(중국)과의 사이에서 실시하고 있다. 앞으로 고려대학교와 대만대학, 싱가포르 국립대학 등과도 복수학위 프로그램을 실시하기로 되어 있다.

「해외유학」이라는 이름의 기폭제?!

중국으로 파견할 학생에게는 고도의 중국어 운용능력이 필요하고 장애물은 매우 많다. 그러나 이것도 「중국어 개별 지도」에 의해 인재를 육성해 간다. 현실적으로 중국의 대학에 들어가 1년 간 열심히 해 온 학생은 의욕과 능력이 상당했다.

그 중에는 좌절하여 귀국한 학생도 있었지만 해외 학교에서 엄격한 조건을 극복하고 도전하여 현지의 회사나 문화를 직접 이해하는 한편, 일본과 달리 적극적인 토론을 전개하는 그 대학의 세미나나 강의에 익숙해져서 귀국한 학생이 늘어나고 있다. 이것은 앞으로 교내의 강의나 세미나의 질적 향상을 촉진하는 기폭제가 될 것이다.

「해외의 교수진과 비교해서 우리 교수는…」이라고 귀국한 학생들로부터 교원이 비판의 화살을 맞지 않는다고는 장담할 수 없다. 전전긍긍하고 있는 교수도 있고, 그렇지 않는 교수도 있다는 말도 들리지만 나쁜 일은 아니라고 생각한다. 교육은 교수론의 고전적 명저를 들 것까지도 없이 가르치는 사람과 배우는 사람의 상호적인 경영이기 때문이다.

와세다는 지금 추진하고 있는 영어(혹은 중국어)의 운용능력 향상이 어느 경계점을 넘으면 유학생 증가 경향이 일단 가속될 것이라고 기대하고 있다. 그렇지만 아시아나 유럽이나 미국 최고의 학교와 어깨를 나란히 할 만큼의 능력을 학생이 갖추도록 하는 것은 좀처럼 쉬운 일이 아니다. 가장 교수적인 관리가 필요한 경우도 있다. 또한 와세다에 입학하는 유학생이 연간 1000명 규모로 확대되면 위기관리에 관한 에너지도 상당히 커지게 된다.

어쨌든 국제화 전략의 다음 단계에 들어가려고 하는 와세다로서, 유학을 마친 약 800명이 귀국한 06년 가을은 나중에 보면 반드시 하나의 고비가 될 것이라고 생각한다.

와세다 국제화 노선의 요새

와세다 대학의 캠퍼스는 현재 세계 각국의 학생들이 모여 생활하고 다양한 언어가 사용되는 국제사회에 대응하는 모습으로 변모하고 있다. 그 한 단면의 상징은 2004년 4월에 개설한 국제교양학부의 캠퍼스이다.

대학의 경영이라는 시점에서 본 새로운 학부 개설은 제1장에서 언급했듯이 국제교양학부의 개설에 있어서 이념・원칙의 의논에 많은 에너지와 시간을 소비하였다는 것이다.

현대의 교양은 무엇인가, 국제화는 무엇인가, 어떤 장치가 필요한가 — 다양한 의논도 하였고 팀을 구성하여 연구도 하였다.

타 문화가 공존할 교육장치가 어느 정도 준비되면, 할 수 있는 한 해외유학에서 해외의 현장과 접할 필요가 있다. 그 경험을 함으로써 비로소 국제화라고 할 수 있고 해외와의 문턱의 차이가 어느 정도인지를 이해할 수 있다.

또한 현재 뿐만 아니라 미래에 세계가 짊어질 문제의 대부분은 기술과 밀접한 관계를 맺고 있다. 그렇기 때문에 타 문화를 이해하고 글로벌한 커뮤니케이션을 할 수 있는 문화적 소양 외에 과학기술계의 기초 지식도 필요하다. 경영자를 목표로 하는 인재라면 수학도 필요하다. 관리나 경영 등의 실무적 지식도 갖출 필요가 있는 것은 아닌가 — 라는 문제의식도 있었다.

반세기 전에 일본 내에서 엘리트 육성기관으로서 자리잡고 있었던 대학은 오늘날의 일본에는 이제 존재하지 않는다. 혹 있다고 해도 지금의 대학 예비고사시대에서는 통용될 수 없을 것이다. 동경대 조차도 소수정예의 엘리트육성기관으로는 규모가 너무 컸다.

그러나 교양교육의 안목 중 하나가 리더가 될 수 있는

인재육성에 있었다는 사실은 현재나 과거나 변함없다. 대학에는 그 목표달성을 위해 어울리는 환경을 갖추고 교육을 실천해 가는 사명이 존재한다. 그렇다면 엘리트층의 축소인 현대의 대학 교육은 어떻게 존재해야만 하는가 —.

이러한 긴 논의 끝에 나온 것이 국제교양학부이다. 아직 완전하지 않고 해결해야 할 부분은 있지만, 장래의 리더층을 기르려는 교양교육의 진수가 상당히 기능을 하고 있다고 할 수 있다.

이 학부는 특정 전문성을 가지지 않고, 미국의 대학과 같은 메이저(주전공 : major)와 마이너(부전공 : minor)의 더블 메이저제를 채택하고, 학부생 중 상당수가 대학원 진학을 전제로 하고 있다.

1학년 약 6000명의 학생 중 유학생이 20% 가까이 차지하고, 아시아를 중심으로 미국, 호주 등 다양한 국적의 학생이 모여 대부분의 수업은 영어로 진행되고 있다. 또 일본 국내에서의 입학생은 졸업할 때까지 약 1년간의 유학이 필수적으로 부여되고 있는 등, 국제기독교대학(ICU)이나 죠찌(上智)대학 등의 유사 학부와 비교하더라도 철저한 국제화 노선을 밟고 있다고 할 수 있다.

수험생이나 부모에게 많은 관심과 높은 인기를 얻고 있는 요요기학원가의 2007년 사립대학 입시 난이도 랭킹(교육・외국어・정치계)은 최고였다. 해외 학생에게도 인기가 높아 입학할 수 있는 사람은 희망자 1,000명 당 20~30명 정도였다.

2006년 가을에는 국제교양학부 2학년 중 해외로부터 온 유학생을 제외한 약 460명이 27개국・112대학에서 유학을 마치고 귀국했다. 학부로서의 두 번째 단계가 시작되었는데, 그것이 다음 학부교육에 어떠한 영향을 줄 것인지 큰 관심을 모으고 있다.

인터넷·온디맨드 수업의 효과

앞에서 언급했듯이 대학 교육의 국제화에 IT는 빼놓을 수 없는 도구이다. 와세다 대학은 정보사회에 대응한 교육과 연구를 지원하는 IT환경을 기반으로 국제화와 사회와의 연계를 포함한 정보화를 추진하고 있다.

그중 하나가 인터넷을 이용하여 학생이 선택한 강의를 언제, 어디서, 몇 번이라도 수강할 수 있는 온 디맨드 수업이다. 학생이 강의 콘텐츠를 인터넷으로 수강하고 각 강의마다 설치된 BBS(전자게시판)에서 질의응답이나 토론을 한다. 2001년에 문부과학성이 진행했던 대학설치기준개정을 계기로 대면수업과 같은 교육효과가 인정되는 원격강의라서, 이온 디맨드(수요자 중심) 수업도 학점으로서 인정받게 되었고 이미 와세다에서는 약 170여개의 수업이 온 디맨드로 실시되고 있다.

또한 2005년 4월에는 「온 디맨드 수업통용 포럼」을 개최하였다. 와세다 이외의 게이오・릿쿄・메이지, 리쓰메이칸, 도시샤 등 약 60개의 대학교・단과대학・전문대학, 기업이 참가하여 인터넷을 이용한 수업을 제공하게 되었다.

이러한 계획의 전형으로서 미국의 매사추세츠 공학대학(MIT)이 2001년에 발족시킨 공개강의 프로그램(Open Course-ware)(OCW)이라는 프로젝트가 도입되었다. 휴렛재단 등으로부터 재정적 지원을 받아 시행했고, 강의의 필독서나 슬라이드, 강의 메모, 숙제, 시험, 강의 영상 등이 인터넷 상에서 무상으로 제공되었다. 일본에서도 마찬가지로 와세다 외에 게이오, 동경대, 교토대, 오사카대학, 동경공업대 등 6개 대학이 일본 OCW연락회를 2005년 5월에 발족하고 인터넷 상에서 강의 정보를 제공하고 있다.

이와 같이 대학이 수업내용의 콘텐츠를 일반인에게 무료제공하면 대학의 존재 가치가 저하되지는 않을까, 수업료를 내고 있는 학생이 손해를 보지는 않을까 이렇게 생각하는 사람도 있겠지만 괜한 걱정일지도 모른다. 그러나 지금까지 상세히 서술했던 것처럼 대학의 가치는 눈에 보이는 콘텐츠 그 자체가 아니라 거기에서 발전해 가는 무형의 것 — 예를 들면 학생이 자신의 머리와 마음으로 만들어 낸 사고회로나 연구・분석방법론, 인간관계를 형성하는 장소로서의 기능 등에 있다. 적어도 그러한 대학인의 자의식을 바탕으로 OCW는 실현되고 있다.

더욱이 강의정보의 공개는 대학의 특성을 넓게 어필시켜 사회에 영향력을 높임과 동시에 일반인에게 공개한다는 점에서 확인 기능이 작용하여 강의의 질 관리에 있어서도 효과를 거둘 수 있다. 교수나 수업의 질적 향상과 평가제도의 철저함도 요구되고 있지만 기본은 가능한 한 「공개하는 것」이라고 생각한다. 겉으로 보이는 것처럼 좋고 나쁨의 식별은 저절로 밝혀지기 때문이다.

와세다 수업료의 대가

와세다 대학의 캠퍼스에는 의지가 있는 학생이나 교수, 직원이 많이 있으며, 같은 시간을 공유하면서 자유로이 지적 에너지의 교류를 영위하고 있다. 그런 다이나믹한 장소 그 자체가 와세다라는 대학의 가치이며 매력이다. 지식만이라면 인터넷에서 얼마든지 손에 넣을 수 있다. 현대 사회에서는 마음만 먹으면 하룻밤에 최첨단 지식을 모으는 일쯤은 식은 죽 먹기이다.

그러나 와세다에만 한정되지 않고 대학의 교양교육이 지향하는 것은 실질적으로 학생에게 생각하게 하는 것이며, 그 체험이 머릿속에 기억되지 않으면 아무런 의미가 없다. 대학 교육에서 face-to-face가 중시된 것도 그 때문이다. 와세다 대학이라는 장소에서 자극적인 인간관계로 시련을 겪고, 개발되고, 사고한 것을 기억하여 얻은 성과를 자기 나름대로 응용할 수 있을 때까지 성숙시키는 것에 가치가 있다.

다시 말하자면 유학생이 해마다 증가하고 있는 지금, 와세다뿐만 아니라 일본의 대학은 우수한 학생을 눈앞에서 해외의 매력있는 대학에게 빼앗길 가능성을 안고 있다. 지금은 미국뿐만 아니라 전 세계에서 개혁과 개방을 요구하는 시대이다. 일본의 대학은 그 가치를 알기 쉽게 외부에 발산하고 많은 학생에게 그 매력을 알려줄 필요가 있다. 또한 저출산 시대에 있는 18세 인구 이외의 폭넓은 연령 범위에 교육 서비스를 제공하기 위해서라도 네트워크의 힘을 빌린 대학의 정보제공이 없어서는 안 된다.

와세다와 같이 졸업생이 전 세계에 흩어져 있는 대학에서는 더욱더 넓은 세계를 의식하고, 정보기술을 구사했던 교육을 한층 더 충실히 할 필요성이 요구되고 있다.

와세다 대학에서는 1999년에 기업과 연계한 「디지털 캠퍼스 협회(DCC)」를 조직하는 등 원격교육을 기본으로 세계적 대학연합의 구축을 진행하고 있다. CCDL이나 「영어 개별지도」도 사실은 같은 사업의 일환으로서 진행되고 있다.

또 DCC활동 계획의 과정에서 중요하게 떠오른 국제대학연합 「아시아 사이버 대학(ACC)」구상을 구체화하기 위해 아래에 위치한 와세다를 포함한 아시아 태평양의 주요 대학(고려대학교, 중국후쿠탄대학(復旦大学), 싱가포르 국립대학, 일본타마사토대학 등)과 네트워크형 공동수업 프로젝트를 추진하고 있다. 앞으로는 아시아 태평양지역을 중심으로 보다 더 폭넓게 해외 대학과 협회화를 지향해 나갈 것이다.

이러한 과정에서 와세다 대학의 교육이 전 세계에서 인정받기 위해서는, 우선 대학에 온 학생들에게 기대한 대로 교육과 환경을 제공할 수 있는 대학이 되어야 한다.

사회인이 넘치는 인간과학부 「e-스쿨」

1987년에 개설된 와세다 대학 도코로자와 캠퍼스의 인문과학부는 당시 타 대학에는 없었던 새로운 학문의 영역으로 만들어진 학부이다. 게이오의 SFC에서 보인 것과 같이 메서드의 신선함과는 다른 참신함을 가지고 있다고 생각한다. 그러나 그 후 20년 정도 지난 후 학부를 둘러싸고 있는 환경은 크게 변해 왔다.

과거의 경제에서는 비교적 단순한 학부의 종류였던 스포츠 산업도 현재 대단히 거대화와 복잡화되고 있다. 경제는 법률, 정치, 저널리즘, 건강복지, 노동문제에 이르기까지 여러 가지 문제가 서로 얽혀 있다. 역학이나 열전도, 소프트웨어, 의과학 등 이공학계의 교과와도 친화성이 생겨나고 있다.

2003년에 인문과학부 중 「스포츠 과학과」가 신생 「스포츠 과학부」로 개조 독립하여, 와세다 대학 도코로자와 캠퍼스가 2학부제로 되었다. 이것으로 인문과학부의 윤곽도 보다 명확해졌다.

현재 인문과학부의 대부분의 수업·실습을 웹상에서 전개하는 통신교육과정 「e-스쿨」(2003년 개설)이 사회인을 대상으로 하여 의욕적인 열기를 띠고 있다. 인터넷 · 온 디맨드 수업을 이용한 학부 수준의 통신제 수업으로서는 일본에서 유일하게 성공했다고 해도 과언은 아니다.

학부생이 받는 강의를 편집해서 공개하고 있지만, e-스쿨을 개시한 이후 인문과학부의 수업은 상당히 수준이 향상되었다. 물론 이러한 온 디맨드 방식은 학부에서도 물론 진행되고 있다. 각 개인에게 훈련시킬 필요가 있는 수업의 경우는 오히려 웹을 사용하는 편이 효과적이다. 무엇보다도 가장 큰 효과는 수업내용이 밖으로 확산되어 남기 때문에 가르치는 쪽도 소홀히 할 수 없으므로 수업의 질이 자연히 향상된다는 것이다. 이것이 바로 교육공개화의 장점이다.

e-스쿨에서는 많은 사회인이 참가하고 있다. 1학년 150명, 현재 3학년 450명 정도의 규모로 이미 대학을 나온 사회인 학생이 약 80%이다. 연령은 한창 일하는 나이로 30대에서 40대가 과반수를 차지하고 있다. 수강생은 미국, 영국, 호주, 남미 등 해외에도 있다.

실무를 통해서 새로운 지식이나 기술을 익히려고 하는 것은 당연하지만, OJT에서 익힌 것을 체계적으로 다시 배우려고 하는 사람 또는 눈앞에 직면한 과제의 해결을 원하는 사람 등 다양한 경험과 동기를 가진 학생이 수강하고 있다.

비즈니스맨은 물론 병원 과장, 교수 또는 높은 위치에 있는 스모 선수 등 직종도 다양하다. 마치 다른 업종의 교류회와 같으며, 다양한 개성과 전문성이 만나 교수조차도 생각지도 않았던 돌발적인 질의응답이 생겨난다. 때문에 교수들도 배우는 것이 많아졌다.

오전 2시의 대학

e-스쿨에서는 사이버 공간의 배움의 장소에서 빠지지 않아야 하는 교육지도 — 지도자라고 부르는 대학원생 — 이 강사로서의 역할을 맡고 있다. 학생들의 학습의욕은 놀랄 정도로 높고 좌절하는 학생은 극히 드물다. 좋아하는 시간에 배우는 것이 e-스쿨의 장점이지만 밤 9시 이후부터 오전 2시 넘어서까지 시시각각 액세스가 증가한다. 네트워크상에서 세미나도 진행되기 때문에 그 준비나 숙제도 해야만 한다. 일하면서 이를 위해 시간을 짜내는 것은 상당한 노력이 필요할 것이다.

밤늦게까지 지도를 해 주는 교수도 힘들겠지만 「학생이 배움의 의욕으로 가득차 있기 때문에 어쩔 수 없다」라고 말하는 교수도 있다. 학생의 뜨거운 의욕에 기쁘지 않을 교수는 없다. 즐거운 비명이라고 할 수 있을 것이다.

솔직히 나를 포함한 많은 OB · OG가 재학하고 있었을 때의 와세다는 유감스럽게도 소수 학생을 제외하면 학생들이 그 정도까지 열렬한 의욕을 가지고 공부하는 장소는 아니었다. e-스쿨에서는 직접 얼굴을 마주보고 자주적으로 개최하는 교류회에 멀리 해외에서 일부러 달려온 학생도 있다. 과거의 와세다를 다녀 본 한 사람으로서 놀라울 따름이다.

e-스쿨이 일반 통신교육과정과 다른 것은 함께 공부하고 있는 동료와의 네트워크 기능이 있다는 것이다. 한 학급은 약 30명으로, 동료 의식이 싹트기에는 적당한 규모이기도 하다. 가벼운 마음으로 동료끼리 커뮤니케이션이나 질문 등을 할 수 있는 쌍방향성이 각 과목의 학점 취득률 90%를 넘는 좋은 실적으로 연결되고 있는 것 같다.

와세다에 이러한 환경이 출현할 때까지의 과정은 길었다. 십여 년의 준비기간을 소비했다.

face-to-face가 전통적으로 대학의 좋은 가치라는 MIT 등의 정책도 십분 이해하지만, 그 한편으로 e-스쿨의 성공 사례가 눈앞에 다가오자 IT에 의한 수업의 개방화에는 그것과는 또 다른 새로운 가능성이 있다는 것을 인정하지 않을 수 없었다. 게다가 와세다의 e-스쿨은 미국에서 성공하고 있는 불사조와 같은 학습과는 매우 다른 비즈니스 모델을 탄생시키고 있었다.

사회를 어떻게 형성해 갈 것인가라는 과제와 교육은 완전한 일체로서, 인재를 사회에 내보내는 대학은 사회의 본연의 모습에 일단 책임이 있다. 그렇지만 학부생의 경우는 사회에 나가고 나서 진행이 순조롭게 될 때까지 최소한 십여 년의 시간을 필요로 한다. 반대로 사회인의 경우는 매우 빠른 시기에 사회를 변화시키는 인재로서 활약을 기대할 수 있다. 전문직 대학원과 함께 이러한 온 디맨드의 상급생 교육은 고령화가 급속히 진행되는 일본에서는 많은 기대를 받고 있다. e-스쿨의 학생이 사회를 변화시킬 리더 층의 중심이 되는 날은 그리 멀지 않을 것이다.

와세다 대학 인문과학부의 e-스쿨은 종래의 학부교육과는 전혀 다른 역할을 하고 있다. 그 점을 충분히 평가해야 할 것이다.

문이 없는 대학의 진면목

지금까지 대학은 상당히 폐쇄적인 사회적 가치가 있었다. 그러나 앞으로의 학부교육은 사회와의 관계를 어떻게 구축해 가야 하는가라는 문제를 잊지 말아야 한다.

매너를 포함해 사회 속에서 어떻게 행동해야만 하는 것인가, 살아가는 한 어떠한 상식을 지켜야만 하는가, 부모 세대로부터 무엇을 계승하고 후대에게 무엇을 계승해야 하는가 — 그러한 기본적인 사고방식과 삶의 방식을 젊은 세대에게 전하는 교육의 기능을 현대 일본은 제외시켰다고 할 수 있다. 세대 간의 문제나 사회 시스템 문제는 어떤 의미에서 보면 대학에 가장 결여되어 있는 것일지도 모른다.

학교는 본래 그러한 종합적 교육의 장소이다. 그러나 현실적으로 학교 안에서 만큼은 간단히 실현되지 않는다는 것은 말할 것도 없다. 그 때문에 장치를 종래 교내에서 진행해온 교육체계의 수준 향상이나 방법론의 개선 만으로는 그 장치를 만들 수 없는 시대가 된 것이다. 사회와 일체가 된 교육에 관계되는 시대가 되었다고 말할 수 있을 것이며, 그에 따른 계획 구상이 요구되어 왔다.

앞으로 증가가 예상되는 외국인 노동자와 어떻게 교류해 갈 것인가. 실력에 문제가 되는 교수의 재 연수의 과제를 어떻게 해결해야 하는가라는 젊은 세대를 중심으로 일본사회가 직면하는 과제나 해결해야만 하는 난제는 산적해 있다. 그러한 문제의 발견 · 해결의 훈련을 해 나가는 것도 현대의 교양교육이라 할 것이다. 사회와 연계해서 진행되고 있는 교양형태가 앞으로 많은 발달이 이루어질 것이다. 또한 맹아적 프로젝트는 이미 와세다의 여러 분야에서 진행되고 있다.

재학 중에 실제 사회에서 일터현장을 체험하는 실습제도(취업체험제도)인 인턴쉽, 저널리스트의 다하라 소이치로(田原総一朗)씨가 중심이 되어 운영하는 오쿠마주쿠(大隈塾), 기업가 육성 프로그램으로서 인큐베이션(창업지원 · 육성)(기업육성 · 지원)사업 등은 그 일환으로 볼 수 있다. 열린 교육센터의 수업 중에는 기업이 스폰서로서 역할을 하는 기부강좌도 적지 않다.

또한 현재 와세다에는 실제 사회에서 경험을 쌓은 교수가 많지만 그러한 사람들이 더욱 조직화되어갈 가능성도 높다. 당연히 수업의 형태도 더욱 더 다양화되어 갈 것이다.

예를 들면 열린 과목의 하나로서 학생들 사이에서 인기가 있는 「지역을 경영하다」라는 세미나가 있다. 이것은 학생이 그룹을 나누어 자신들이 테마를 정하고 직접 현장에 가서 지역을 번성하게 하는 제안을 하고 그것을 실행해 가는 것이다. 동경 스미다구에서의 시도에서는 스미다구 직원 3명이 지원하는 것 외에도 때로는 세미나의 1기생이나 2기생, 스미다구의 기업인, 지역 사람과 계속 연계하여 파워 있는 실학의 장으로 되어 있다. 참가 학생은 계획한 대로 되지 않는 현실에 직면하면서 하찮은 개인이라도 사회를 바꿀 수 있다는 보람을 느낄 것이다. 그러한 것을 학생 때 느끼게 한다는 데 큰 의의가 있다.

교육활성의 열쇠는 기획개발

사회에 열린 대학을 표방해 온 와세다 대학은 다양한 계획을 전개하고 있다. 그 중 하나인 2001년에 출발한 인큐베이션 사업에서는 구 와세다 실업학교의 건물[7]을 재이용하고 교내 벤처기업에게 사무실을 제공하고 있다.

고등학교의 교실을 두 개로 나누고 한 교실 당 37평방미터가 월 11만 엔으로 임대된다. 현재 사무실 공간은 27구획으로 광열비나 LAN 등의 IT인프라는 대학이 부담한다.

2005년에는 인큐베이션 센터가 공동개최하는 「벤처기업가 육성 기초강좌」(다이와 증권그룹 본사 기부강좌)가 정규 수업이 되었다. 비즈니즈의 최전선에서 활약하는 게스트 강사진으로 구성되어 있어서 학생 사이에서 인기를 불러 모으고

7) 와세다 고등학교 건물, 현재는 동경도 외각지로 옮겼음.

있다. 강좌의 비즈니스 플랜 개발회에서는 1위 획득자에게 같은 센터의 부스가 1년간 무료 대여되는 특전이 부여되었다. 덧붙여서 2005년의 최우수자로 선발된 학생은 정치경제학부의 1학년이다. 그는 2006년 2월에 인재계회사의 주식회사를 세우고 중학생 시절부터의 꿈이었다는 사업을 실현하였다.

교육을 중심으로 대학과 사회의 연계에는 앞으로도 다양한 메뉴가 등장할 것이다. 학생주체의 동아리 활동과 같은 활동에 교수가 참여하고 내용의 질을 확보한 학생 참가형 세미나나 배움의 장소를 사회에 확대시킨 수업도 틀림없이 늘어갈 것이다.

종래 기업에서 진행되어 왔던 인재육성의 목적 달성이 어려운 시대가 되어 기업이나 NGO 중에서도 사회공헌의 수준을 넘어 교육에 관계하는 곳이 상당히 나타날 것이다. 이미 그러한 예도 일부 출현하고 있다.

현재 대학의 교양교육의 가능성을 개척하고 "기획개발"이 우리들 대학생에게 주요 업무의 하나가 되었다. 전통에 의지해 온 와세다 브랜드를 유지함과 동시에 새로운 계획을 적극적으로 추진하는 입장을 소중히 해야 할 것이다.

이공학부와 문학부의 변신!

시대에 부응하는 교육이라는 점에서 놓치지 말아야 하는 것은 이공학부와 문학부의 재편성이다.

2007년 4월부터 이공학부가 「기간(基幹) 이공학부」 「창조 이공학부」 「선진 이공학부」의 3학부로 재편성되었다. 같은 학부는 2008년에 창설 100주년을 맞는데 학부생 · 대학원생을 합한 학생총수는 1만 명에 가깝다. 전임 교수는 300명 정도이다. 또한 교수는 아니지만 교육에 관계하는 기술직원과 조교를 합한다면 상당히 큰 집단을 짊어지고 있다.

게이오대학 등 타 대학의 이공학부와 비교하면 와세다의 이공학부의 규모는 크다. 그 크기만큼이나 학부운영 등에서도 기동성이 결여되어 왔다는 점은 부정할 수 없다. 오늘날과 같이 빠른 속도가 요구되는 시대에는 모든 일이 좀처럼 원활하게 진행되지 않는다. 실제 이공학부의 구조조정 자체가 십여 년 동안 2번 결의 되었음에도 불구하고 실행으로 옮겨지지 않았던 경우가 있다. 정확히 3번째에 겨우 실행된 셈이다.

사회나 산업계의 요구가 급격히 변화하는 시대에는 신속한 의사결정의 시스템이 필요하다. 더욱이 같은 이공계라고

이공학부의 실험 풍경

해도 대단히 광범위한 교육·연구가 진행되고 있는 한편 제조업 이외의 산업과도 넓은 관계가 생겨나게 된다. 이공계 전반에 걸친 커다란 부분은 전체적으로 합의하지 않으면 안 된다. 이념적인 부분을 합의해 두고 실행의 세세한 부분은 각각의 학부에서 의사를 결정해 가는 형식이 아니면 아무것도 결정하지 못하고 아무것도 움직이지 못하는 사태가 되기 쉽다.

재편을 계기로 이공계 3학부에 도입 교육이나 국제 프로그램의 강화를 진행시킴과 동시에 고도의 전문직 육성을 목표로 하는 학부 · 대학원 일관 교육이나 산학연계의 교육 · 연구도 더욱 가속될 것이다.

이번 이공학부 재편에서는 의료공학, 생명공학, 의과학 등의 의료 관계분야를 다루는 「생명의학과학」이 새롭게 설치되는 것도 주목을 모으고 있다. 유전자 해석이 가능하게 되는 맞춤 의료나 예방의료 등 가까운 미래에 의료현장이 커다란 변혁기를 맞이하는 속에서 새로운 학과의 교육 · 연구가 큰 기대를 모으고 있다. 이 새로운 학과는 오오쿠보 캠퍼스가 아닌 동경여자의과대학의 인접지에 설립되었다. 여자 의대와의 협력을 주목하고 있는 것이다.

문학부도 지금까지의 제 2문학부와 합치면 이공학부와 같이 학생수가 많은 학부였지만 지금까지 하나로서 운영되어 왔다. 그러나 학생을 상세하게 지도하는 데에는 소형화가 요구된다. 뿐만 아니라 야간부생 대상인 제 2문학부의 역할 자체가 희박화되었기 때문에 2학부를 통합 재편성하고, 2007년 4월부터 새로운 생각에 기초한 「문화구상학부」와 신생 「문학부」의 2학부로 정하였다.

문화구상학부는 주간 개강제로 종래의 제 2문학부의 기능을 일부 이어가면서 과거의 학문의 틀에서 채택하지 않은 새로운 「学」의 창출과 그 성과를 사회에 제공하는 인재육성을 목표로 한다. 실제 사회에서 경험을 한 사람들의 재 육성의 장소로도 활용될 것이다. 같은 학부에서는 많은 인재를 배출했던 와세다 전통의 문예 · 저널리즘논 등, 6논(論) 22프로그램을 예정하고 있지만, 현실에 대응하고 유연하게 재편성해 갈 방침이다. 그에 대하여 신생 · 문학부에서는 주로 지금까지 제 1문학부에서 전개해 온 인문학, 문화학 중 특히 전통적인 학문분야의 계승 · 발전을 지향해 가고 있다.

또한 문학부도 새로운 시대를 향해 새로운 장식으로 다시 출발했다.

회계연구과 2005년도 입학생

제5장

시대의 요청에 부응하는 대학원

(時代の要請にこたえる大学院)

「좀 더 공부했더라면」 체험의 권유

앞장에서는 학부교육을 중심으로 서술해 왔지만 이 장에서는 대학원의 교육에 주안을 두고 이야기 하고 싶다.

교양교육도 그렇지만 대학에 있어서 배움의 질은 많이 변해왔다고 할 수 있다. e-스쿨에서 배우는 사람들을 보고 있으면 더욱 절실히 느껴진다.

앨빈 토플러 박사가 최근 저서에서 미국의 교육제도 개혁을 언급하면서 「교육은 직업 훈련에 그치는 것이 아니지만, 지금은 더 이상 존재하지 않는 직업을 위해 교육하는 것은 학생을 속이고 있는 것밖에 되지 않는다.」(『부의 미래』 하권) 라고 쓰고 있는데 그러한 지적에 세상 살기 힘들다고만 하고 있을 수 없는 시대가 되었다.

능력이 있는 사람은 어떠한 배움도 경험도 소홀히 하지 않고 실무에 도움이 되도록 바꿀 수 있지만, 세상에는 그런 사람만 있는 것이 아니다. 직업 그 자체도 그것에 대응하는 지식도 복잡·다양화되고 있다. 그 중에는 일이라든가, 놀이라든가, 분명하지 않는 것도 있다. 또한 필요한 지식의 양이 늘어나고 학습하는 시간이 장기화되고 있는 측면도 있다.

멈추지 않는 정보화의 흐름이 지금도 이 경향에 박차를

가하는 것은 틀림없다. 요약하자면 실제 사회는 만만하지 않다. 좋든 싫든 생애에 걸친 학습이 필요한 시대에 접어든 것이다.

이러한 시대야 말로 전문적인 지식이나 기능의 기반이 되는 현대적 교양은 점점 중요시 될 것이다. 이 기초가 탄탄하다면 위에 세워지는 건조물도 흔들림이 적다. 그러기 때문에 학부교육은 이 기초를 만들기 위해 더욱 열심히 힘을 쏟아야만 한다.

사회에 나가서 「학생시절에 좀 더 공부했으면 좋았을 걸…」라고 생각하는 사람이 많은 것 같은데, 학부시절부터 미리 그러한 체험을 가지는 것이 중요하다. 해외에 나가는 것도 좋고 인턴쉽이나 세미나의 사회실습에 참가하는 것도 좋고, 해외의 학생과 세미나에서 논의하는 것도 좋을 것이다. 그것을 계기로 사고방식이 바뀔 수 있는 경험을 가능한 한 많이 하고 실감하여 아직도 배울 것이 부족하다고 느끼는 것이 무엇보다 중요하다고 생각한다.

사고방식이 변하지 않는다면 배움의 깊이는 나오지 않는다. 젊은 시기에 사고방식이 변할 정도의 체험을 반복함으로서 사물을 보다 깊게 생각할 수 있게 된다.

타 학부의 전공과목 복수에서 부전공

현재의 와세다 대학은 학생에게 동료의식을 가지게 하고, 학생 지도를 어느 정도 집단단위로 진행함과 동시에 전문성을 갖추게 하려는 목적으로 학부마다 분리되어 있지만, 학부의 울타리를 넘어 학점 인정이 되는 전공과목도 늘어나고 있다. 타 학부의 전공과목을 일정 학점 이상을 취득한다면 부전공으로서 인정하는 것은 어떠한가라는 계획도 최근 논의되고 있다.

또한 2007년 4월부터 이공학부와 문학부의 재편으로 창조 이공학부나 문화 구상학부라는 융합의 새로운 학문 영역도 개최되고, 문리융합도 더욱 진행하는 것은 아닌가라는 생각을 한다.

문과계 · 사회과학계 · 이공계 각각 큰 배경을 가진 와세다 대학의 규모의 장점을 크게 활용하여 학생에게는 폭 넓은 시야에서 자신에게 맞는 전공을 확실히 익히기를 바란다고 생각하고 있다.

나는 일반교양과 전공 분야의 기초 교양을 배우면서 자신이 나아가야 할 길을 필사적으로 추구하는 것이 학부교육의 목적이라고 생각하고 있다. 필사적인 추구정신으로 충실한

4년을 모든 학생들이 체험하게 하기 위해서는 와세다 대학은 여전히 개선해야만 하는 것들이 많이 남아 있다.

예를 들어 동경이라는 입지조건, 유혹과 자극으로 넘치는 대 도시라는 이 조건하에서 학생이 필사적으로 공부만을 임하는 것은 극히 어려운 일임에 분명하다. 유혹에 빠져 어슬렁어슬렁 4년을 보내 버리거나, 자신의 「설 자리」를 찾지 못하는 학생들은 과거는 물론 현재에도 있다. 그렇다 하더라도 운이 좋으면 와세다라고 하는 브랜드를 손에 넣어 우량기업에 취직하기도 한다. 그러한 학생에게 어느 씨앗의 달콤함에 유혹된다는 점은 부정할 수 없다.

그 의미에서 학부교육에 남겨진 커다란 과제는 대학이 좀 더 세세히 학생을 보살필 필요가 있다는 것이다. 이 문제를 해결하기 위해서는 교육의 질을 향상시키는 것과 동시에 교수 수를 늘릴 필요가 있을 지도 모른다. 그리고 다른 지역이나 실제 사회와의 연계를 보다 더 적극적으로 강화해 갈 필요가 있다고 생각한다.

확대된 졸업 후의 선택지

그렇게 되면 앞으로 학부 교육에서 얻은 기초기식을 토대로 높은 전문성을 연마하는 것은 자연히 대학원에서의 교육에 맡겨지게 된다. 그것을 하나의 형태로 하였지만 다수가 대학원진학을 전제로 하고 있는 것이 국제교양학부이다. 또 학부생의 60% 이상이 대학원에 진학하는 이공학부도 2007년도부터는 3학부・3연구과로 재편되었지만, 여기에서도 사립대학의 독자적인 학부 대학원으로, 지금까지의 수준 이상으로 교육을 추진해 갈 예정이다.

그 외의 학부에서도 적어도 대학을 졸업하면 기업이나 관공서에 취직하는 것이 당연하다는 종래의 진로 이미지가 상당히 변할 것이라고 예상하고 있다. 취직할 것인가 타 대학을 포함해 대학원에 진학할 것인가, 혹은 해외에 나갈 것인가 — 졸업할 때의 선택 폭은 상당히 넓어졌다. 이것은 와세다에서만의 일은 아니다. 최상위 학교에서는 최근 수년 동안 이러한 경향이 두드러졌다고 보고 있다.

학생들의 요구와 자질에 맞는 세부적인 학부에서의 교육・지도가 요구되는 이유가 여기에 있다. 시대는 그러한 방향으로 흐르고 있다. 국제교양학부의 학생이나 같은 학부에 대한 수강생의 높은 관심을 보고 있으면 시대변화의 반응은 젊은 세대 쪽이 성인들보다 빠르고 민감한 것 같다.

시대의 변화에 대응하고 대학은 조직이나 교수의 의식변화도 필요하다. 와세다는 2004년에 학부교육, 대학원교육, 연구기능을 일체화하기 위해서 학술원이라는 것을 만들었다. 정치경제학술원, 법학학술원, 교육・종합과학학술원 등이다.

이것은 교수가 소속된 조직의 창설방법을 근본적으로 변화함으로서 교수회의 의식변화를 촉구하기 위해 행해진 개혁의 일환이다. 지금까지 같은 계통의 학문을 하면서도 상호교류도 하지 않고, 알기 어려웠던 복수기관의 교수 의사 결정 과정을 정리함에 따라 여러 가지 면에서 단순화・고효율화가 가능하게 되었다. 같은 계통의 학부도 대학원, 연구소가 그룹으로 책임을 가지는 체제로 바뀌고, 학부나 대학원도 종합적으로 문제를 생각하게 되었다. 이것은 더 이상 이전의 와세다가 아님을 의미하기도 한다.

와세다에는 정치학, 경제학, 법학, 이공학 등 학부와 직결된 10개의 대학원이 있다. 이러한 각 대학원사이에서 전공을 넘은 상호교류 연계를 어떻게 해 나아갈 것인가는 다음의 과제이다.

학부간 상호교류는 모든 학부 공통의 열린 과목이나 테마 칼리지 등에서 상당히 진행해 왔듯이, 대학원 또한 개방화하고 상호연계를 할 필요가 있다.

전문직 대학원에서 육성하는 전력

정보혁명이라는 단어가 상징하는 것처럼 사회의 구조가 복잡화되고 있는 한편 매우 빠른 속도로 변모하고 있으며, 글로벌화의 물결도 급속히 진전되고 있다. 이러한 물결 속에서 글로벌적으로 활약하는 비즈니스맨 뿐 아니라 많은 사람이 자신이 가진 기술이나 지식을 갱신하고 고도화를 지속시키지 않으면 일터에서 충분한 성과를 올릴 수 없게 된 것이 현실이다. 그 때문에 와세다 뿐만 아니라 각 대학은 대학원 교육의 또 다른 하나의 큰 테마로서 사회인을 위한 「전문직 대학원」 즉, 전문 스쿨의 충실과 내실강화를 십 수 년간 추구해 왔다.

앞에서 언급한 이유에 따라 직업과 직결된 보다 고도의 전문적인 기능, 지식을 추구하기 위해 대학에 들어오는 사람들이 계속 늘어나고 있다. 「전문직 대학원」은 그러한 사회의 실제 수요에 대응해 출신학부를 불문하고 사회인을 받아들여 사회에 열린 교육기관이 되어야 한다.

와세다의 각 전문 대학원의 경우를 보면 정말 공부하고 싶은 사람들로 구성되어 그 만큼 열심히 공부하고 있다. 그러한 인재가 증가하고 앞으로 사회에서 활약하게 된다면 가까운 미래에 일본 사회도 분명히 변해갈 것이며, 그렇게 생각되는 분위기는 충분하다.

현재 문부과학성의「전문직 대학원」설치 장려라는 순풍속에 각 대학에서는 전문직 대학원의 개설이 진행되고 있지만 와세다의 계획은 선구적이었다고 자부하고 있다.

대학원 설치 기준 개정(1999년)을 시작으로, 1998년 4월에 와세다가 처음으로 독립대학원(학부와 연결되지 않은 대학원)으로서 아시아 태평양 연구과를 개설하고, 고도 직업인 육성에 착수했다. 당시 나는 교무부장으로 개설 반대의 두꺼운 벽을 부수기 위해서「프로젝트 X」에 필사적인 노력을 하였다. 문자 그대로 곤란과 장애를 돌파하는 것이었다.

아시아 태평양 연구과에서는 MBA(경영학석사)를 취득할 수 있는 국제경영학전공과 국제관계학의 2전공을 두고, 아시아 태평양지역을 중심으로 하는 시점으로 정치, 외교, 경제, 문화, 역사 등에 걸친 학술적인 연구를 진행해 왔다. 적극적으로 외국인학생을 받아들이고 영어로 수업을 하고 풍부한 국제성으로 병설 아시아 태평양연구 센터와의 연계에 따른 실천적인 교육을 특징으로 하고 있다.

그 후 대학원 설치 기준 개정을 받아들여 이러한 2전공 안에 국제경영학전공을 발전적으로 개조를 한 결과 2003년도에는 전문직 대학원으로서 재출발하였다.

또한 같은 해 정책 입안 등에 관련한 정치학, 국제공무원을 비롯한 NGO직원이나 저널리스트 등의 실무자 육성을 목표로 하는 「공동경영연구과」가 발족되었다. 다음 해인 2004년에는 법조 3직을 비롯한 기업의 법무담당자나 공무원으로서 법률실무와 관계되는 전문가의 육성을 목적으로 한 「법무연구과(법과대학원)」이른바 로스쿨과 경제·회계·법학의 모든 면에서 금융 경제를 종합적으로 배우고 기업의 CFO(최고재무책임자)나 경영자, 금융 재무컨설턴트 등의 육성을 목표로 하는 「파이넌스 연구과」 통칭 파이넌스 스쿨이 개설되었다. 또 2005년에는 국제적 시야와 경영 감각을 가진 회계 스페셜리스트를 육성하는 「회계연구과」 통칭 어카운팅 스쿨이 개설되었다.

전문직 대학원도 와세다답게 다양하고 중후한 확대를 차츰 보이고 있다고 자부한다.

와세다 MBA브랜드의 확립으로

흐름 2007년 4월에는 5개 전문직 대학원 중 하나인 아시아 태평양 연구과 국제경영학 전공이 상학연구과 상학전문(프로페셔널 스쿨)으로 통합되어 새로운 상학연구과 비즈니즈 전공(와세다 대학 비즈니즈 스쿨 이하 WBS)이라는 이름으로 다시 세워지게 되었다.

와세다 대학에서는 지금까지 4개의 MBA 프로그램이 각각 독자적으로 운영되어 왔다. 미국 등과 비교하여 MBA의 수요가 적었던 일본 시장에서는 이러한 「뷰틱형 MBA」라고 불리는 소규모로 초점을 둔 MBA의 전개가 그 나름의 효과를 발휘해 왔다. 그러나 로스쿨이나 메디컬 스쿨과 나란히 하는 3대 전문직 대학원의 하나인 비즈니즈스쿨의 사회적 역할이나 기능이 본격적으로 요구됨에 따라 일본의 MBA교육도 커다란 전환기에 직면하게 되었다.

일본경제의 글로벌화의 급속한 진전에 따른 비즈니즈 교육의 글로벌화도 급속히 진행되고 있다. 이러한 환경 속에서 전통과 실적을 가진 유럽이나 미국의 비즈니스 스쿨이 국제적 영향력을 더욱 확대하는 한편, 아시아와 같은 MBA교육 후발지역에서도 각 대학이 각각의 개성을 살려 고도화 및

다극화하는 MBA교육을 활발히 하고 있다. 또한 하버드를 비롯한 유럽이나 미국의 톱 비즈니즈 스쿨은 글로벌화 시대에 적합한 네트워크 구축을 목표로 하고, 아시아 각국의 유력 비즈니스스쿨과의 연계를 적극적으로 전개하기 시작했다.

이번에 탄생하는 WBS는 일본의 리딩(leading)스쿨을 목표로 하는 것뿐 아니라, 세계에 통용하는 아시아의 비즈니스 스쿨의 하나로써 혁신적인 한 걸음을 내딛게 된다.

전문가 교육부재의 정치·행정으로의 시도

새삼 언급할 필요도 없이 고도 정보화 시대에서 하루하루 몰려오는 방대한 양의 정보나 지식, 데이터를 명확하게 읽고, 정보의 진위를 판단하고, 단편적인 정보를 지식의 구조화에 연결해 가는 것은 고도의 전문성이 필요하다. 급격히 변화하는 시대에는 지식의 업그레이드를 끊임없이 반복해야 한다.

대학으로서는 사회가 필요로 하고 있는 인재를 적절한 타이밍에 어떻게 사회에 제공하는가가 문제시되고 있다. 그것만으로도 고도전문직 육성에 대응하는 깊은 지식과 기술력을 육성하기 위한 전문직 대학원의 존재는 일본 사회에 있어서 큰 의미를 가진다.

특히 정치·경제·행정에 걸친 인재 교육은 지금까지 일본 사회에서 결여되었다. 일본에서는 의원비서나 지방자치·지방의회근무 등을 거쳐 정치가가 된 사람이 많다. 와세다는 종래에 그러한 세계적 인재를 다수 배출해 왔다. 그들의 대부분은 기업에서 OJT라는 경력을 거쳐 정치가가 되기도 한다.

그러나 그러한 경력을 통해 얻은 지식만으로는 경험의 지식 틀을 넘는 수완과 식견을 가지는 것은 어렵다. 정치적 흥정의 노하우 등은 배울 수 있을지 모르지만, 국가의 철학이나 인류의 미래를 이야기하기에 충분하고, 깊은 식견과 실무에 관한 넓은 전문지식이 어느 정도 육성되는지에 대해서는 말하기 어렵다.

또 국가의 생존과 깊이 관련 있는 외교 문제에 관하여 미국이나 동 아시아, 중동에 대해 치밀하게 연구를 하고 있는 정책집단이 어느 정도 필요할지도 미지수이다. 외교 정책에서도 일본은 국제 기준에 크게 미치지 못한다. 국가 간의 국익이 서로 부딪치는 외교정책이야 말로 국제적 시야를 기본으로 한, 고도의 전문 지식이 필요하다. 외교담당자는 머리가 좋고, 어학이 뛰어나고, 인사성이 뛰어난 것만으로는 세계의 외교 무대에서 절대 통용되지 않는다.

현재 와세다의 공공(公共) 경영 연구과에는, 공공(公共)적 시점으로 문제 해결 능력의 향상을 목표로 하는 사람들이 모이고 있다. 2006년 4월에는 박사 과정도 개설되었다. 같은 연구과에 있는 사회인과 학부의 새로운 졸업생의 비율은 2 : 3이다. 이 연구과에서는 정책입안 · 평가 등에 관여하는 리더 층이 하나의 핵이 되어, 즉시 효력을 발휘하는 인재가 키워지는 것을 기대하고 있다.

기업에서도 리더 역할을 짊어지고 있는 층 안에서 독학으로 하기에는 한계가 있다는 것을 느끼고 있는 사람이 증가하고 있을 것이다. 실무를 둘러싸고 있는 환경의 변화는 점점 급격해지고 있다. MBA뿐만 아니라 법무나 재무에 대한 체계적 지식이 없다면 복잡화된 실무에 응용할 수 없다. 끊임없는 조직개편이나 현장의 지식 · 기술의 진부화로 OJT를 실천하는 것이 어렵게 된 요즈음, 사회에 진출하여 1인자가 되기 위해서는 더욱 발전시킬 수 있는 묘책을 강구하는 기업인이나 경력 변화 · 경력 향상을 목표로 하는 사람들에게 있어서, 전문직 대학원이야말로 효과적인 수단이 될 것이다.

와세다는 이 점에서도 상당한 이점을 계속 나타내고 있고, 효과적인 수단을 끊임없이 창출하고 있다.

MOT의 복수 학위 프로그램

여기에서는 와세다 대학원의 특징을 몇 가지 소개하겠다.

와세다 대학은 최근 「아시아 태평양 지역의 지식 공동 창설」 실현을 위해 아시아 각국에서 다양한 프로젝트를 전개하고 있다. 그 네트워크 강화의 일환으로 아시아의 대학에서 학위가 수여되는 복수 학위 프로그램을 설치하고 있다는 것은 이미 언급하였다.

아시아 태평양 연구과 국제경영학전공(2007년 4월 이후는 WBS)에서도 2006년 가을 아시아의 톱클래스에 랭크된 비즈니스 스쿨로 알려진 난양공과대학(싱가포르)과 MOT(기술경영)의 복수 학위 프로그램을 개설하였다. 이에 따라 싱가포르가 진행하고 있는 글로벌적인 경영 관리 능력과 우수한 제조·품질관리를 자랑하는 일본의 기술 경영 관리 능력이라는 양국의 우수한 점을 동시에 배울 수 있는 것이 가능하게 되었다. 수료하면 와세다의 기술경영학석사와 난양공과대학의 경영학석사(MBA)의 두 개의 학위가 수여된다. 세계에 통용되는 MBA학위 취득을 목표로 하는 사람에게는 특히 큰 매력이다. 해외에서 학위를 수여하는 제도에 있어 와세다는 물론, 일본에서 최초의 시도로 국내외에서도 주목받고 있다.

기술의 세계에서는 개발공정의 관리나 지적재산권 등이 중요하며, 해외에서는 이것과 관계되는 자격을 MOT라는 부르고 있다. 또 비즈니즈 스쿨에서는 기술계 MBA라고 하는 MOT의 본격적 프로그램이 그 특징 중 하나이다. 일본은 기술을 전략적으로 활용할 수 있는 우수한 프로듀서가 부족하고 기술경영을 맡길 수 있는 인재육성이 시급하다. M&A(기업 합병·매수)를 하려고 해도 기업에 그것을 사용할 수 있을 만한 기반이 마련되지 않는다면 의미가 없는데, 와세다로서는 앞으로의 그 중요성을 거울삼아 인재육성에 적극적으로 착수한 것이다.

국내외에 확대되는 이론과 실무의 가교

MOT프로그램에는 주말 개강이나 1년 코스, e학습 코스 개설 등 다양하고 넓은 계층을 받아들이는 환경 조성도 진행하고 있다. 은행이나 투자회사에 근무하고 있는 사람도 많다.

MOT프로그램의 대학원생은 경영개혁의 실습으로 동경의 스미다(墨田)구 내의 정밀판금 가공공장에 가서 비즈니즈 분석이나 제안으로 이 공장의 경영 이익률을 2%대에서 25%

로 큰 폭으로 확대시켜 사장을 매우 놀라게 했던 실적이 있다. 숫자는 물론이며 특히 이곳 사장들이 놀란 것은 학생들의 계획을 보고 종업원의 노동의식이 크게 변한 것이라고 한다. 특히 전문직 대학원의 경우 이론과 실무는 밀접하게 연결되어 있다.

사법시험 합격자 수와 사립학교의 톱의 자리를 지켜 온 와세다의 로스쿨도 이론과 실전을 융합시킨 임상법학교육의 충실을 특색으로 하고 있다. 부속 법률사무소(법률 클리닉)가 있고, 변호사 자격을 가진 교수와 학생이 팀을 이루어 시민의 법률 상담외에 중소기업의 금융문제, 일본에 상주하는 외국인과의 트러블, 형사사건, 노동사건까지 다룬다. 이를테면 의학부의 임상교육의 법학판으로 지금까지 일본에서는 볼 수 없었던 선진적인 계획이다.

또한 죠에츠(上越)신칸센의 「혼조(本庄)와세다」 전철역이 탄생했던 사이타마(埼玉)현 혼조에서는 국제적인 정보통신의 연구개발을 짊어질 독립연구과의 국제 정보통신연구과 및 연구센터를 중심으로 2004년 4월부터 「연구개발단지」가 본격적으로 활동을 개시하였다. 광대한 토지를 이용해 정보통신과 지구환경분야의 일대 연구거점으로서 많은 시설이 가동되고 있다.

기타큐슈(北九州)에서는 이공학 종합연구 센터 큐슈연구소와 정보생산 시스템 연구과(독립연구과)가 중심이 되어 기타큐슈 연구개발 단지 구상 계획에 참여하고 있다.

일본어 교육대학원(독립연구과)은 유학생의 유치 등을 진행하는 와세다 대학 일본어 연구교육 센터와 연계하여, 일본어 교육의 메카로서의 기능을 충실히 하고 있다. 와세다대학 설립기부터 해외교류를 적극적으로 진행해 온 와세다대학은 일본어 교육 분야에서도 일본에서 가장 오래된 역사와 실적을 자랑하는 대학 중 하나이다. 그 연구 성과를 구사함으로서 일본어 교육의 실제 수업과 연계한 견학・실습 등 다채로운 실천 교육을 넓혀가고 있다. 같은 캠퍼스 내에서 실천과 대학원 수업을 연계시키고 있는 경우는 국내외에서도 쉽게 찾아 볼 수 없다.

대학원 석사를 해외협정 학교에 일본어 교수로서 파견하고 최신 일본어 교육의 연구 성과를 세계에 홍보함으로써 일본어 교육 분야에서 독자적으로 국제적 네트워크를 구축하고 있다. 또한 같은 연구과의 대학원생은 신주쿠내의 교육기관이나 가정 밖에서 일본어를 모국어로 하지 않는 아이들에게 일본어지도나 학습지도를 진행하는 자원봉사활동에 적극적으로 참여하고 있다.

학부와 직접 연결된 대학원에서도 산관학연계의 다양한 프로젝트를 진행하고 있다. 특히 이공계의 대학원에는 기업으로부터의 공동연구 신청이 많다. 와세다의 이공계학부에는 대학원생인 석사의 인원수가 많고, 실용개발연구의 모델을 교육 안에 포함한 것이 특징이라고 할 수 있다.

2006년에 개설된 스포츠과학 연구과는 스포츠를 통해 지역의 시민 의식 형성에 연구 성과를 거두고 있다. 통상 석사과정 · 박사 과정 외에 실무경험을 가진 인재나 현직교육을 대상으로 하는 석사 1년제 코스도 있다.

평생교육에서 새로운 공헌을

인생은 「배움과 일하는 것」이라는 사이클의 반복이다. 평생교육은 그러한 것도 있고, 국제적으로도 커다란 교육행정의 테마로 하나가 되어 있다. 일본에서는 1984년 임시 교육심의회(임교심)에서 「평생교육체계의 확립」이라는 시점이 고등교육 개혁의 의견으로서 포함되었다. 와세다는 이보다 앞선 1981년에 평생교육의 선구적 기관으로 「와세다 확장 센터」를 개설하였다. 그것은 다양한 영역에 걸쳐 연령 · 학력을 불문하고 누구에게나 자유롭게 배울 수 있는 기회를 폭넓게 제공하자는 취지에서 만들어진 조직인데, 이미 강좌 수는 1000개 이상이며 3만 명을 넘는 방대한 수의 수강생이 있다. 국민에게 폭 넓은 학문을 교육시킨다는 창립자 · 오쿠마 시게오(大隈重信)의 이상을 이어 받은 학문의 아버지로서 와세다가 앞으로 도전할 평생학습 프로젝트는 점점 더 늘어날 것이다.

한편 재양성 프로그램이 필요하게 되면서 지금까지 실현되지 않았던 전문분야도 많이 있다. 이를 위하여 곧 교수 재양성이 새롭게 시작된다.

캠퍼스내의 학생들

따돌림, 등교거부, 아동의 자살, 학급 붕괴, 교수의 우울증, 학력저하……. 현재 일본의 교육계 특히 초·중학교에서 일어나고 있는 여러 가지 문제를 어떻게 해결해 갈 것인가. 교육개혁은 일본 사회가 안고 있는 절박한 문제임에 틀림없다. 최근에는 양질의 교수 확보를 위한 대학생 대상의 교육양성원을 여는 지방자치들도 있지만 그것 보다는 현장의 교수에 대한 지원이 급선무일 것이다.

현장의 교수는 전문적 대학원과 같은 정기적인 강의 참가에는 제약이 있지만 소규모 양성 프로그램에는 커다란 영향력을 미치지는 않는다. 그래서 재양성 프로그램에는 인터넷이 힘을 발휘하게 될 것이다. 이러한 이유로 때로는 우수한 교수가 주목할 만한 가치 있는 실적을 올리는 경우도 있지만 종종 그것만으로는 해결되지 않는 것은 현 상황을 보아도 알 수가 있다.

현장의 경우를 토대로 지적 작업과 인간을 대상으로 하는 육성 프로그램의 구축에는 정보기술과 인적 네트워크를 구축해야 하고 그것에는 1903년 고등사범부(현·교육학부) 창설이후, 교육계에서 다수의 인재를 배출해 온 와세다 대학이 큰 공헌을 할 수 있을 것이다.

사람을 지도하는 분야에는 정년을 맞은 단카이세대나 고

령자 층을 둘러싼 프로젝트가 있으면 좋을 것이다.

젊은 세대의 집중적 교육을 맡아 온 종래의 대학 기능과는 조금 이질적인 요소를 포함하게 될지도 모르지만, 앞으로는 학급에서의 강의나 세미나와 같은 정통적인 대학기능의 틀을 넘을 수 있도록 요구될 것이다.

대학이 구성원들뿐만 아니라 일반 사회인들에게도 고도의 전문지식이나 일반사회에서 얻기 어려운 지식을 폭넓게 학습할 수 있는 기회를 제공함으로써, 잃어버렸던 세대 간의 연계, 지식의 전반을 보충하고, 일본 사회가 안고 있는 끝없는 문제 해결에 주체적으로 관여할 수 있는 시대가 오고 있다는 점에서 와세다 대학은 오쿠마시게오가 이상적으로 생각했던 대학으로 점차 향해가고 있다고 할 수 있다.

오오쿠마 동상과 오오쿠마 강당

제 6 장

내일의 와세다 대학

(明日の早稲田大学)

모든 것은 「학생 본위」의 개혁

약 10년 동안 와세다 대학의 개혁은 지금까지 소개했던 것처럼 계획대로 성과를 올리고 있다고 생각한다.

가장 큰 이유는 지금까지의 개혁을 「학생본위」에서 진행해 왔기 때문이다.

이미 앞에서 언급했듯이 1960년대 후반부터 1970년대에 걸쳐 일어난 대학분쟁의 경험은 유감스럽게도 이번 개혁의 근거로 기반이 되어 있지 않았다. 당시 개혁도 「학생본위」라고 말하지는 않았지만 그 이념은 감각을 따르지 않았으며, 그러한 이유에 있어서 개혁의 큰 원동력이 되지 않았기 때문이다.

얄궂게도 학생들이 직접적으로 어떠한 요구도 하지 않는 지금이 되어서야 비로소 단순히 제목밖에 없었던 「진실로 학생을 위해서」라는 비전이 현실화되기 시작했다.

학생본위로 대학 만들기를 진행하려고 하는 것은 생각해 보면 지극히 당연한 것이다. 수업료를 내고 있으며, 기업적인 측면에서 생각해 본다면 손님인 학생의 요구를 완전히 무시한 대학 운영은 본래는 있을 수 없는 일이다. 학생을 만족시키지 못하는 대학은 엄격히 평가되며 학생이 오지 않게 된다. 이것은 당연한 일일 것이다.

단지 이것은 「자유롭게 놀게 해주면 된다」고 했던 그들의 피상적인 요구를 따라가기만 한다고 좋은 것은 아니다. 자유방임이라는 이름 아래 학생을 그저 방치해 두는 것도, 자격취득만을 목표로 정해 지식이나 기능을 채워 넣으려는 것도 어리석은 일이다.

대학은 학생들의 잠재능력을 향상시키기 위해서 학생들이 느끼지 못하는, 드러나지 않은 요구와 재능을 끄집어내야만 한다. 우리들이 학생에게 「정말 그런 일을 하고 싶었다」「그러한 식으로 공부하고 싶었다」라고 느끼게 하기 위한 「장치」를 많이 만드는 것도 그 이유이다.

중요한 것은 학생이 요구하는 「사물의 관점이나 감각」의 수준을 가능한 한 높게 설정하고, 또 가능한 한 빠른 시기에 「생각하는 자극」을 주는 것이다. 그렇기 때문에 「장치」나 다양한 만남의 장을 만들어, 와세다에 모인 학생들의 마음에 건강함과 의욕을 불어넣어 왔다.

그 결과 와세다의 학생은 확실히 변화했다.

미래가 보이는 「사람 만들기」

와세다 대학은 개교 이후 「사람 만들기」를 정신의 하나로 표방해 왔다. 대학이라는 것이 그 곳에 있는 「사람」의 총체라면, 말할 필요도 없이 이것은 보편적 이념이기도 하다

와세다 대학이 교양개혁을 중심으로 현재 진행하고 있는 대학 개혁은 바로 그 「사람 만들기」의 배경이 된 것이다. 대학은 학생에게 사고하게 하는 의욕과 힘을 주고 지적인 커뮤니케이션을 할 수 있는 영어 회화나 컴퓨터 활용 능력을 높여 준다. 그리고 그것들을 이용해서 정보를 수집·활용·발신하는 힘을 갖게 하고, 현대 사회에 필요한 교양을 갖출 수 있도록 도와준다.

그것과 병행해 학생의 요구에 세밀히 대응할 수 있는 유연성과 기능성을 가지게 하며 학부를 축소화하고 모듈화하기 위해 재편성을 진행해 왔다. 2004년에는 학부교육, 대학원교육, 연구기능을 일체화할 목적으로 학술원이 만들어 지고, 지금까지 상호연결 없이는 이해하기 어려웠던 의사결정의 프로세스가 단순화·효율화되었다. 이에 따라 같은 계통의 학문과 대학원, 연구소가 그룹으로 활동하고 그 성과에 책임을 가지는 체제가 생겨났다. 이러한 종적인 연계의 강화

가 타 학부나 타 대학과의 횡적인 연계를 강화시키는 파급효과까지도 나타내고 있다.

와세다 대학은 미래에 어떠한 비전을 가지고 있는가. 지금까지 봐 왔듯이 「사람 만들기」에 힘을 쏟아 성과를 내고, 교육・연구의 장으로서 많이 변화한 와세다 대학은 이제 가까스로 미래의 비전을 당당히 이야기할 수 있는 자격을 얻었다고 생각한다.

더욱더 열린 대학으로

대학이 대중화 됨에 따라 현재의 대학에는 「상아탑」이라는 이미지는 이제 사라졌다. 그러나 여전히 대학은 일반적으로 「폐쇄된 장소」라고 생각되어진다. 정문이 없다는 것이 상징이 되고, 사회와 모든 사람들에게 열린 대학이었던 와세다 대학도 언제부터인가 「폐쇄된 대학」이 되어 있었다.

와세다 대학은 그러한 폐쇄적인 체질을 불식시키기 위해 대학의 개방화에 힘써 왔다. 원래 와세다 대학은 개방적인 교풍이었지만 최근에는 교내에서도 교외에서도 더욱 개방되었다고 의식적으로 여겨 왔다.

개방화가 추진된다면 사회로부터의 평가, 국내외의 대학

과의 비교에 의해서 대학 그 자체의 진가가 정면에서 평가되어질 것이다. 외부와 관계가 되면 그 만큼 엄격한 평가를 받게 된다. 이는 '양날의 검'이다라고 할 수 있겠다. 그렇지만 이에 부응하는 것도 우리들은 잘 해 왔다고 자부하고 있다.

교내에서의 개방화를 예로 들자면 학부끼리의 울타리를 낮추어 학생이 자유롭게 교류할 수 있는 「장치」를 만들었다. 타 학부의 학생과 함께 배우는 「열린 과목」이나 「테마 칼리지」 등이 있다.

학교 밖의 개방화에서는 타 대학과의 학점 교환 제도나 인턴십, 유학의 다양한 지원 등을 적극적으로 진행해 왔다. 사회로의 개방이라는 의미에서는 전문직 대학원이 끊임없이 설립되고, e-스쿨 또는 평생교육 등도 계속 진행되어 왔다.

또한 전통적인 면에서도 이전과는 상당히 변해 왔다. 본래 와세다 대학의 교수채용은 와세다 단혈주의라고도 할 정도로 보수적이었지만, 그 체질을 바꿔 연구·교육의 장의 배타성을 폐지하고 실력주의를 도입한 것도 그 흐름이다.

과거에는 조교가 되면 대부분 그대로 교수가 되는 것으로 정해져 있었지만, 지금은 그러한 조교제도는 사라졌다. 물론 와세다 출신자가 유능하지 않다는 것은 아니다. 그러나 온실 재배와 같은 강직한 시스템 그 자체에서는 좀처럼 우수한 교수가 육성되지 않는 것은 사실이다.

오늘날 조교제도를 말하자면 교육경력을 쌓는 장소이지, 그 이상의 승진과는 직결되지 않는다. 교수채용도 공모를 거치는 경우가 많으며 국립대학 출신자나 기업 경험자가 다수 참가하고 있다.

물론 교수 전체를 보면 와세다 출신자가 여전히 과반 수 이상을 차지하고 있지만, 그래도 과거와 달리 해외나 타 대학에서 경험을 쌓은 후 와세다 교수가 되는 사람이 늘어나고 있다. 현재 10명의 학술원장 중에는 와세다 역사상 처음으로 선출된 여성원장과 외국인 원장이 포함되어 있다.

와세다답게 사회와 손을 잡다

다음으로 문제 삼고 싶은 것은 개방화의 앞에 펼쳐질 광경이다. 개방된 와세다 대학이 그 앞에 보고 있는 것은 무엇인가.

한 가지 가능성은 사회와의 연대・연계이다. 지금까지도 와세다는 사회와 연계한 활동을 다수 전개해 왔고, 이러한 움직임은 앞으로 점점 가속되어 갈 것이다.

대학은 본래 잠재력이 높은 존재이다. 그것을 대학 안에서만 폐쇄해 둔다는 것은 매우 아까운 일이다. 지역 활성화를 위한 지원 프로젝트, 중소기업에 대한 기술·경영 지원, 초·중학교 교원의 재교육 시스템, 단카이 세대를 살리기 위한 프로그램 제공 등 외부를 향해 대학이 할 수 있는 것은 지금도 그리고 앞으로도 많이 있다.

예를 들면 개방 과목의 하나인 「지역을 경영하다」가 진행되고 있는 스미다구의 프로젝트는 지역과의 연대를 강화하는 계획의 한 단계라고 할 수 있다. 이미 혼조시나 시가현등 많은 거리 만들기 활동에도 참가하고 있다. 우수한 인재, 축적된 실적, 첨단을 여는 아이디어가 모인 대학이 사회에 활용됨으로써 와세다 자신이 보다 많은 성장을 할 수 있을 것이다.

그 외 아이들의 교육 문제도 있다. 본래 교육이라는 것은 가정과 학교뿐 아니라 사회전체가 해야 하는 것이 아닌가. 교육에는 사회 전체가 참가하는 「구조」가 필요하다. 현대와 같이 가정에의 교육력이 저하되고 있는 시대에서는 특히 중요성이 높은 테마이다.

그리고 목적을 달성하기 위해서는 능력으로 사람들이 사회 안에서 서로 연결해 갈 필요가 있다. 그렇게 하기 위한 프로젝트도 대학이 짊어질 큰 과제이다.

인생을 건강하게 살아가기 위한 「교양」을

마침 본서에서는 현대에서 교양이란 무엇인가라는 문제를 다루어 왔다.

물론 그것에는 커뮤니케이션 능력, 사회나 세계에 대한 넓은 시야, 기초적인 지식이나 상식, 배움의 의욕이라는 것이 필요할 것이다. 훈련을 거처 습득된 어학이나 컴퓨터 등의 기본 기능도 필수이다.

또한 체력이나 적당한 자존심도 넓은 의미에서 교양을 유지하게 한다.

더욱이 "교양인"의 조건으로서 자신의 인생을 앞으로 즐겁게 해주는 것이 무엇인가 「즐거운 것」 취미라고 해도 좋을지 모르겠지만, 그러한 것이 있다는 것도 덧붙이고 싶다. 「자신을 즐겁게 해주는 것」을 자신 안에서 키울 수 있다면 그것은 분명히 교양에 깊은 맛을 주기 때문이다. 앞으로 학생들이 훌륭한 사람들과 만났을 때 그들은 그 사람들이 가진 깊이 있는 기품 안에 그러한 「자신을 즐겁게 하는 것」이 상당히 연관되어 있다는 것을 느낄 것이다.

도대체 왜 교양이라는 것이 필요한 것인가.

와세다 대학이 교양교육 개혁을 계획하게 된 배경은 학생의 장래를 생각한 경력교육의 시점이다. 와세다 대학의 졸업생은 사회인으로서 어떻게 살아가야 하는가, 어떤 직업에 종사할 것인가. 그것을 고려한 것이 교양교육이다.

결국 와세다의 학생은 최종적으로 사회 현장에 나갔을 때 사물에 대해 스스로 사고하고, 문제를 발견하고, 그것을 해결할 수 있는 "최상의 건강함"을 가진 사람이 되기 바란다. 또한 외관만 건강한 인생을 지탱하는 것 보다 깊이 있는 건강함을 갖추기를 바란다.

교양을 키우는 것은 이와 같은 의미에서 인생을 건강하게 살아가는 기반을 만드는 것이므로 중요하다고 할 수 있다.

럭비시합(와세다대학과 케이오대학)

재야 정신으로 인류로의 공헌을 지향하자

와세다 대학의 경력 교육의 저변에는 「재야정신」이라는 것이 존재한다고 생각한다. 옛날부터 와세다의 정신을 나타내는 말로 「재야정신」이라는 것이 있지만, 대학설립 당시 재야 정신이란 리더십을 의미했던 「관」에 대해 반골 정신도 포함한 「민」의 개념을 표현한 것이다. 이것이 와세다가 「민」의 대학을 자부하고 있는 이유이다.

그러나 오늘날의 관과 민의 관계, 구조는 그렇게 단순하지 않다. 정신의 경계는 더욱 구별하기 어렵게 되어 있다. 그렇지만 현대에도 형식을 바꾼 「재야정신」은 존재하고 사회에서 꼭 필요한 것이다. 가령, 자신의 뚜렷한 소신없이 남이 하는 대로 따라 한다는 부화뇌동(付和雷同)이라든가 상대방의 의견을 극단적으로 반대하는 정신성이 그러하다. 건전한 비판정신이라 해도 좋을지 모르겠다.

비판정신과 함께 사회를 짊어지는 자각도 빠뜨릴 수 없다. 엘리트까지는 아니더라도 어느 정도 이상의 능력으로 대학교육을 받은 사람들은 사회의 중핵을 이루는 인재임에 틀림없다. 대학 진학률이 50%가 되더라도 그것은 기본적으로 변하지 않을 것이다.

그러한 사람들은 사회에 대해 어느 정도 책임이 있다. 그리고 그 책임을 다해야 한다. 따라서 그러한 이유로 능력을 키울 필요가 있다.

예를 들면 사회전반이나 세계의 이해, 국가의 체제에 대한 관심, 정치의 관심, 자식이나 손자세대의 지혜와 지식의 계승의 자각 — 그것은 눈앞의 현상을 의심하지 않고 최종적으로는 인류를 위해 생각해야 하는 자세를 가지게 된다. 대학교육을 받은 사람들에게는 그러한 것이 강하게 요구되고 있다.

그 때문에도 교육현장에 있는 사람이 이러한 문제를 의식하는 단서를 공개해 논의의 장에서 문제에 대처하는 힘의 원천을 기르고 대학생들을 후원할 필요가 있다.

사회적 책임이라든가 세계규모의 문제해결 등 관념적이라고 야유의 대상이 되는 경향이 있지만, 성실함을 내포하는 필요성은 앞으로 점점 높아질 것이라고 생각된다.

자기만 좋으면 된다는 사회의 한계는 일본사회의 안전신화의 붕괴와 더불어 눈앞에 가로 놓여 있다. 사회의 안전, 환경문제, 빈곤 등 현대라는 시대에 현실을 직시하는 층이 증가하지 않으면 해결할 수 없는 문제가 산적해 있다. 현대의 우리들은 지금 바로 서지 않으면 인류전체가 위험에 빠지는 상황에 처해 있다.

그 때문이라도 학생에게는 자기의 직접적인 이해를 외부에 있는 사물에게도 적극적으로 관여하고 새로운 시대흐름을 만들어 갈 능력이나 의욕이 필요하다. 특히 그러한 삶의 방식을 구현화한 몇 명의 선배를 가진 와세다 대학생이 있다.

물론 사회로 나간다면 쉽게 해결할 수 있는 일만 있는 것은 아닐 것이다. 그러나 좌절의 바다에 빠지지 않고 다시 머리를 들어 올리는 기력(気力)을 가지기를 바란다.

현대의 재야정신은 공공의 문제를 자신의 문제로 여겨 「관」과 「민」을 넘어 「지구의 민」으로서 활동하는 정신이라고 생각하고 있다. 앞으로 와세다 대학의 졸업생에게는 그러한 정신을 지탱하는 외관뿐만 아니라 교양이 뒷받침이 되는 건강함으로 세계에 나가길 바란다.

세계로의 비약

현대의 교양을 생각할 때 키워드가 되는 것은 「글로벌리즘」이다. 이 점은 이미 몇 번이나 언급했다. 국제적으로 사물을 생각하는 것은 일본이 경제적으로 세계에 진출하여 이익을 얻는다는 단순한 것이 아니다. 중요한 것은 지구적인 시점에 서서 서로의 관계를 이해한 뒤 국가와 국가 간의 문명과 문명이 공존하는 길을 찾는 것이다.

일본은 메이지시대의 개국 이래, 아시아를 넘어 미국과 유럽만을 목표로 해 온 경향이 있다. 이제 같은 문화의 뿌리를 가진 나라들과 더욱 교류해야 하는 시기가 온 것은 아닌가.

와세다 대학의 경우 우선 중요시 해야만 하는 것은 아시아 태평양 지역이다.

지금 와세다 대학은 「아시아 태평양 지역에서 지식의 생산기지」라는 슬로건을 내걸고, 아시아 태평양 지역의 대학들과 손을 잡고 지식의 네트워크를 만들어 가려고 한다.

그런 흐름 속에서 와세다대학 학생에게는 가능한 한 아시아에 있어 사회의 리더적인 존재가 되길 기대하고 있다. 그러기 위해서는 국제화 안에서 타 문화를 이해하는 능력이 필요하다. 그 때문에 교양교육이 중요하다.

그리고 배움의 정신과 기능이 모인 "교양이라는 가방"을 손에 들고, 졸업생에게는 활기차게 세계를 향한 날개를 펴기를 바란다.

세계에는 다양한 분야에서 놀라운 활약을 하는 사람, 훌륭한 업적을 남긴 사람이 많이 있다. 한편 자신의 욕구만을 취하지 않고, 착실히 사회를 위해서 일하는 사람이 적지 않다. 또 조사해 보면 그러한 사람들 중에 와세다 출신자도 적지 않을 것이라 생각한다.

결국 어떠한 분야든 사회로부터 평가받고, 일류의 자존심과 실력을 가진 인물을 계속 배출하기 위해서는 와세다 대학 자체가 진정한 일류대학이 될 필요가 있다.

그렇게 되기 위한 제1단계의 목표는 아시아 대학 중에서 상위 10위권 안에 들어가는 평가를 얻는 것이다. 다음 단계는 아시아에서는 동경대학이나 북경대학과 서로 경쟁하여 세계유수의 대학이 되는 것을 목표로 한다. 다만 와세다 대학이 실현하고 싶은 것은 단순히 학력만으로 타 대학을 이기는 것이 아니라 학력, 교양 그리고 기력(気力)도 갖춘 「인간」으로서의 힘으로 경쟁해서 이기는 것이다.

나는 현재의 개혁을 더욱 추진한다면 그것을 실현할 수 있는 날이 반드시 올 것이라고 확신하고 있다.

와세다 대학의 교가에 있는 「진취의 정신」 「학문의 독립」 「높은 이상(理想)」은 현재에도 전혀 낡지 않았다. 와세다 창립자인 오쿠마 시게노부 · 오노 아즈사 이후, 건학 정신 · 이상(理想)으로 다시 돌아가서 앞으로도 개혁을 진행하고 미래를 향해 계속 전진하고 싶다.

Epilogue

일본의 대학 중에서 와세다 대학은 그 지명도, 존재의 크기, 친근감 등에서 벗어난 것이 있다. 「동경수도의 서북」이라는 교가에 있는 것처럼 국민들 사이에서 친근감이 깊게 침투하고 있는 대학은 세계에서도 그렇게 흔하지 않다. 이것은 와세다 설립 이후 125년 동안 길러 온 재학생과 졸업생의 큰 활약들이 이야기해 주고 있다.

와세다의 캠퍼스는 이해나 타산으로부터 멀리하고, 사람과 사람이 순수하게 서로 부딪치고, 꾸준히 노력하는 에너지 넘치는 곳이다. 이 전통은 현재에도 받아들여져 풍부한 재능을 꽃피우고, 다채로운 인재를 사회로 계속 배출하고 있다.

와세다 최대의 특색은 무엇보다도 「다양한 사람을 키울 수 있는 대학」에 있다고 생각한다.

올해만 하더라도 제135회 아쿠타가와상8) 수상자 이토타카미(伊藤たかみ)씨, 나오키상9) 수상자 미우라시온(三浦しをん)

---

8) 정식 명칭은 아쿠타가와 류노스케(芥川龍之介)상 : 각 신문 잡지에 발표된 순문학 단편 작품 중에서 제일 우수한 작품에 주는 상.
9) 정식 명칭은 나오키산쥬고(直木三十五)상 : 각 신문 잡지, 단행본으로

씨 등이 와세다 대학 출신이다. 그리고 또 하나 감동한 것은 3월에 파리를 방문했을 때, 와세다 교향악단의 파리공연을 보았을 때였다. 샹제리에 극장을 만석으로 채운 현지의 사람들로부터 열렬한 갈채를 받는 모습에서 와세다의 또 다른 새로운 힘을 보았다.

와세다의 창립자는 당연히 오쿠마 시게노부이지만, 와세다에서는 친근함을 표현한 <오쿠마씨>라고 부르고 있다. 오쿠마씨는 <사람 만들기>를 건학 정신의 하나로 정했다. 1882년 창립 당시, 많은 학교가 외국어로 강의하는 것에 반해 와세다는 일본어로 강의를 하였다. 그것으로부터 지식이나 학문에 대한 와세다의 건학 정신이 전해온다. 학문의 활용, 모범국민의 육성, 그리고 교가에서 불러지고 있는 학문의 독립이다.

메이지유신 이후, 나라의 기반 구축 시대에 와세다는 영국풍의 입헌정치를 이상으로 일본을 근대국가로 여긴 많은

발표된 작품 중에서 제일 우수한 작품에 주는 상(무명, 신인, 중견 작가가 대상).

인재를 키워왔다. 유명인이나 무명인을 불문하고 또한 국내외 어디에 있어도 자기의 이익을 우선하지 않고, 세계를 위해서 땀을 흘릴 수 있는 인재를 키워왔다. 그 연륜이 와세다를 이를테면 「국민의 대학」으로 키워왔다고 말할 수 있다.

나는 여러 가지 학교 일 때문에 일본 전국을 돌아다니고 있지만, 그때마다 사람들은 어떤 기대와 신뢰를 품은 시선으로 와세다를 보고 있다는 것을 실감하지 않을 수 없었다. 특히 세계가 순조롭게 흘러가고 있지 않을 때, 관이 아닌 민의 의사를 대변하는 와세다적인 대안에 대한 높은 기대를 느낀다. 사회로부터 신뢰가 두터운 만큼 그 기대에 어긋나는 사태가 발생한다면 세상은 와세다에 따가운 시선을 보낼 것이다. 국민에게 지지받고 「국민의 대학」으로서의 브랜드 힘은 와세다의 둘도 없는 재산이다. 그 신뢰의 기반위에 앞으로 국제 사회를 향해 세계수준의 고등교육기관을 목표로 하는 「교육과 연구」, 그리고 「사람 만들기」를 열심히 진행해야만 한다고 생각한다.

내가 총장에 취임한지 5년이 되었다. 그 동안 대학을 둘러싸고 있던 환경의 변화는 매우 빨리 진행되었다. 와세다는 물론, 본문에서 소개했던「열린 교육센터」나「영어 개별지도」등 명확한「사람 만들기」의 목표를 가진, 참신하고 양질의 교육을 급속히 진행시키고 있다. 드디어「대량 생산」이라고 했던 교육 목표의 희박성과 같은 이미지도 이제 불식될 것이다.

와세다가 가진 다양성은 각 학부의 노력과 교직원의 의식 혁신에 의해 총체력이 높은 학부교육을 완성해 오고 있다. 현재 대학교육은 단카이세대가 경험했던 것과는 분명히 다른 국면에 처해 있다. 현재와 미래의 글로벌 또는 지역사회의 모든 문제에 대해 보다 인식과 이해를 높이고, 과제 해결력을 기르는 상세한 수업이 진행되고 있다. 국제교양학부에서 전형적으로 보이는 것과 같이 학생의 언어 운용력이나 컴퓨터 기능의 향상이 그 기초력을 형성하고 있다. 또한 지식획득 뿐만 아니라 그 응용력을 중시하고, 현실의 모든 문제를 해결할 수 있는 높은 문제의식과 행동력, 리더십을 갖춘 기개 있는 학생이 자라고 있다.

이 책을 쓰면서 나는 오쿠마씨의 말을 떠올렸다.

「높이 날고 싶기를 원하면 깊게 배워라!」

많은 것을 배운다면 그 만큼 모르는 부분도 증가한다. 현실에 직면하여 자신의 부족한 지식을 통감하는 경우도 자주 있다. 지식은 문제해결에 필요한 정보를 제공해 준다. 그러나 판단과 결단을 하는 것은 인간이기 때문에, 어떠한 작은 의사결정이라도 그 사람의 가치관이나 삶의 방식과 본질적인 면과 연결되어 있다. 배움의 세계는 끝없이 계속되기 때문에 목표를 높게 설정한다면 그만큼 많은 것을 배우겠다는 강한 의욕이 생겨난다.

대학의 가치는 계속 지속되는 것은 아니고, 그곳에 모인 학생이 어떠한 가치를 지니고, 마침내 사회에 무엇을 기여할 수 있을 것인가에 있다. 한 사람 한 사람의 학생이 자신의 머리와 마음으로 형성한 지식체계와 사고력의 회로, 감수성과 표현력, 인간관계까지도 형성되는 그 장대한 공간이 대학이다. 이 자유로운 공간에서 지구적 규모로 사물을 생각하고, 공감하고, 행동하는 학생을 배출하는 것이 대학의 사명이다. 학생 본인이 자유자재로 활용할 수 있는 지력(知力)과 행동력을 갖추고, 자신을 풍요롭게 하는 것뿐 아니라 주위도 풍요롭게 만들어 가야한다. 그러한 무형의 것이야말로 대학의 높은 가치라고 생각한다.

특히 이 책을 편집하는데 출판 프로듀서(전 프레지던트사 임원 편집장)의 清丸憲三郎씨, 편집의 氷倉規子씨, 浅岡雅子씨, 그리고 PHP연구소 신서출판부 편집장의 阿達真寿씨 외에 많은 분들께 감사드린다. 특히 위 네 분이 모두 와세다 출신이라는 것이 이 책을 보다 깊이 있도록 해 주었던 것은 아닐까 생각한다.

2007년 1월

저자 시라이 카츠히코(白井克彦)

● 저자 약력

Shirai Katsuhiko(白井克彦)

- 1939년생
- 와세다대학 제15·16대 총장
- 이공학부 교수, 공학박사(지능정보학 전공)
- 1963년 와세다대학 이공학부전기공학과 졸업
- 1975년 와세다대학 교수, 와세다대학 사무시스템 센터 소장, 교무부장, 국제교류 센터 소장, 와세다대학 부총장을 역임
- 2002년 11월 총장 취임
- 부총장 때부터 대학 개혁에 적극적이고 다채로운 발상력과 논리력으로 개혁을 추진
- 음성인식· 합성기술, 자연언어처리, CAI 등을 중심으로 휴먼인터페이스연구에 종사
- 2005년 NHK리얼타임 자막시스템을 실용화한 변환기술과 시청각 장애자를 위한 방송 소프트제작 기술개발 공헌으로 NHK 방송문화상을 수상
- 저서, 『RISC 프로세서』(産業図書), 『음성으로 인간과 기계의 대화』(OHM社), 『음성』(岩波書店) 등 다수
- 현재, 와세다 대학 총장

● 번역자 약력

설근수(薛根洙)

- 일본 와세다대학 중문과 졸업
- 일본 다이토분카대학 석· 박사 졸업(어학박사)
- 중국 청화대학(일본어과)
  북경 외국어대학(일본어과) 객원교수 역임
- 현재, 전북대학교 일어일문학과 교수
- sgs@chonbuk.ac.kr
- 063-270-3268

(주요 연구업적)

- 動詞連語論の研究(1998) 日本大東文化大学博士論文
- 連語論のParadigmatic relation研究(2000) 第8号 日本語文学 韓国日本語文学会
- 連語論の研究(2001) 第66巻7号 国文学・解釈と鑑賞(842) 日本至文堂
- 言語活動の結び付き(2002) 第67巻7号 国文学・解釈と鑑賞(854) 日本至文堂
- 日本語 Cyber 강의 Contents 개발 연구(2003) 第54号 日本学報 韓国日本学会
- Multimediaを利用した日本語教育研究(2006) 第１巻１号 多様化日語教育研究 中国 西安交通大学出版社
- Mobileを利用した言語学習方法の研究(2007) 第32号 日本語文学 韓国日本語文学学会
- 동영상을 이용한 언어학습 방법(2005年)(한국등록특허 : 제0521724호)

와세다 대학은 어떻게 인재를 키우는가

「5만 명의 개성」에 불을 지펴라

1판 1쇄 찍음 • 2009년 1월 20일
1판 1쇄 펴냄 • 2009년 1월 30일

저 자 • Shirai Katsuhiko(白井克彦)
역 자 • 설 근 수
발행인 • 정 현 걸
발 행 • 신 아 사
인 쇄 • 예지인쇄

출판등록 · 1956년 1월 5일 (제9-52호)
서울특별시 은평구 녹번동 28-36 2F
전화 (02)382-6411 · 팩스 (02)382-6401
홈페이지 · www.shinasa.co.kr
E-mail · shinasa@chol.com

* 저자와의 협의로 인지를 생략함.

ISBN 978-89-8396-625-4

정가 ***10,000*** 원